通信制高校だから全日制に勝てる

あなたの子どもに最適なカリキュラムつくります

森 和明

GENTOSHA

まえがき

お子さんの進路に悩む親御さんや先生たちへ――。

そして誰よりも自分の将来を真剣に考えている子どもたち自身へ――。

伸び悩んでいる勉強も部活も、周囲の「応援力」次第で、眠っていた力を目覚めさせ、本番で〝実力以上〟の力を出せること、そしてその「応援力」は通信制の学校でもっとも有効に発揮されること、その経験をお伝えするために、私はこの本を書きました。

28歳のとき富士通をスピンアウトし、富士コンピュータを設立した私は、まずコンピュータ教育機関として専門学校を創立しました。

その後、平成20年（２００８）に、兵庫県相生市に本校を置く「相生学院高等学校」（略称・相学＝アイガク）という広域対象の通信制・単位制高等学校を創立しました。

今や、テニス部が日本一のクラブに育ったのをはじめ、時代の変化を読みながら、社員、教師、生徒と共に挑戦し続けています。

そんな私が、いかに生徒たちに私の「相学魂」を吹き込んでいるか、また、元々弱かった生徒が、私の精神エネルギーを体得し、見違えるほどはじけているか、その姿を書きたいと思います。

開校時の目標は、通信制でありながら、なんと「灘校＋ＰＬ学園」でした。学業でもスポーツでも他校に負けない「文武一道」、すなわち生徒個人は、「文武のどちらかに打ち込む。するとおのずと一つの道が見えてくる。そして『夢を実現』させる」ことを目指しました。

以来、兵庫県を中心に東京・大阪・名古屋・岡山・鳥取・京都・奈良・松本・新潟・尾道・北海道など、全国各地に30校におよぶサテライト・キャンパス（学習センター）を設け、およそ２０００人の生徒を送り出してきました。

そして今、10周年の節目に当たり、当初の想定をはるかに超える２つの大きな「喜ばしい想定外」に直面して驚きの毎日を送っています。

まず1つ目の想定外は、通信制の高校でありながら、学業でもスポーツでも全日制の有名校に負けない実績を上げるようになったということです。

今、「通信制の高校でありながら」と言いましたが、これは「通信制の高校だからこそ」と言い換えなければならないと思っています。

私自身の高校時代の記憶を含め、今まで誰が「通信制が全日制に勝つ」などと予想できたでしょうか。通信制とは、さまざまな事情で全日制に行けない生徒が通う、一段ランクの下の高校という認識が一般的だったでしょう。

ところが相生学院では、その認識を180度覆すような現象が次々と起きています。その実例の数々は、本文で詳しくお話ししますが、たとえば進学実績です。じつは相生学院というと、テニス部の全国制覇などの実績を挙げる人が多いのですが、もっと意外と思われるのが進学実績なのです。

通信制というと、もっとも心配されるのが進学実績ですが、ここでの想定以上の成果には私自身が驚いています。

ここ数年の大学への合格実績は、ざっと列挙すれば次のようになります。

国内では、北海道大学、神戸大学、大阪大学、兵庫県立大学、早稲田大学、法政大学、立教大学、中央大学、青山学院大学、日本大学、成蹊大学、関西学院大学、関西大学、同志社大学、立命館大学、京都産業大学、近畿大学、甲南大学、龍谷大学、京都外国語大学、大阪工業大学、大阪電気通信大学、神戸女学院大学などのほか、社会へ出て即戦力になる各種専門学校なども多岐にわたっています。

海外では、今年新たに合格が決まったカリフォルニア大学バークレー校ほか、エディンバラ大学、ロンドン大学キングス・カレッジ、ロンドン大学ロイヤル・ホロウェイ、エクセター大学、ベトナム大学、パデュー大学、オレゴン大学など、これもまた広がりを見せています。

そして学業以外では、まず開校とともにスタートしたテニス部が、3年目の201

1年に、高校野球の「春のセンバツ」に当たる全国選抜高校大会で団体優勝しました。以来、この「選抜」に加え、これも野球の「夏の甲子園」に当たるインターハイ（全国高校総合体育大会）でも、男女とも団体・シングルス・ダブルスなどでの全国制覇を、何度もなしとげるところまで来ています。男女ともインターハイを制したのは、全国約6000の高校の中で初めてのことでした。

高校野球の甲子園で春夏制覇、しかも数年の間に何回もとなったら大変なことです。高校のテニスは、野球ほどはテレビをにぎわす話題にはなりませんが、そのレベルの高さは言うまでもありません。

このほかスポーツでは、ゴルフで「IMGA世界ジュニアゴルフ選手権」の15歳〜18歳の女子部門で、初参加初優勝を勝ち取って話題になったのも相生学院の3年生でしたし、ボクシングでも全国制覇を何回も果たし、三冠王も取っています。

学業以外の活動は、スポーツだけではありません。相生学院明石校の生徒が、高校生の「夢」を語るスピーチコンテストでグランプリを取り、さらにその内容をオンデマンドで絵本にして発売するというプランが、日本政策金融公庫主催の「高校生ビジネスプラン・グランプリ」で優秀賞に輝きました。

さらに、「ボランティア・スピリット・アワード」(プルデンシャル生命など主催)の全米表彰式に米国ボランティア親善大使として派遣され、東京で報告会をしています。

また、その絵本の活動が、シンガーソングライター・さだまさしさんがつくった「風に立つライオン基金」主催の「高校生ボランティア・アワード」で受賞して、NHK BSで放送されるなど、実社会への貢献という面でも相学教育が実ってきています。

それにしても、なぜ通信制の高校が、全日制も敵わないようなこれほどの実績を上げ続けてこられたのでしょうか。それは「通信制でありながら」なのか、「通信制だからこそ」なのかという、重要な問いに関わってきます。

私はこれらの全日制をしのぐ成績は、「通信制なのに」ではなく、「通信制だからこそ」可能だったと信じています。通信制のもつさまざまな利点を生かせば、誇りをもって全日制に勝てると信じてこの学校をやってきました。

つまり「通信制だからこそできること」のほとんどは、「通信制でなければできないこと」であり、それは通信制にとって最大の強みとなります。

そして、確かにそのとおりであるという事実をいくつも体験し、私の信念は間違っていなかったことを確認してきたのです。

ところが、そうした日々の中で、また違う思いが心の中で頭をもたげてきました。

それが、冒頭で言った予想を大きく超える「想定外」の2つ目です。

私が、通信制ならではの教育の強みとして追い求め、通信制でなければできないと思って目指してきた子どもの力の引き出し方は、じつは通信制だけに留まらず、すべての教育に通じる「普遍性」を持つのではないかと思えてきたのです。

だとしたら、全国の子どもの教育に悩む親や先生たちのために、私の経験をお話しする意味があるのではないか――。そう考えてこの本を書くことにしました。

相生学院で、通信制の教育で最大に効果を発揮してきた子どもの伸ばし方は、通信制に留まらず全日制の教育でも、家庭の教育においても、もっと言えば企業内の教育においても通用するものだという確信に近いものを、今感じています。

つまりそれは、教育の本質に関わるもの、子どもを伸ばすためにもっとも大切なものだからだと思います。私が相生学院という通信制の高校で、通信制であるがために心を砕いたさまざまな事柄は、とりもなおさず、教育全般においてもっとも大切なものだったということでしょうか。

教育についてはいろいろな議論がありますが、いくら親や先生や周囲の大人たちがいろいろ言っても、結局は子ども自身が動かなければ成果は上がりません。

その意味で、いつも大人たちが心しておかなければならないのは、「やるのは本人であり、親や教師ができるのは応援だけ」ということです。つまり、その意味で親や教師ができる「教育」の本質とは「応援」であると私は思います。

たとえば、先ほども挙げたテニスの全国制覇のときなど、相手校との実力差はほとんどありません。そんなときでも私は、応援席の生徒たちに「実力五分、応援五分だからな！」と言って、一緒に「応援」に全力を注ぎます。

正選手になれなかった生徒たちも、必死の応援で選手たちと一心同体の戦いに打ち込みます。試合まえに選手たちが円陣を組むとき、わが校では応援席とフェンス越しに手をつないだ1つの円陣を作ります。

こうしてグラウンドと応援席はまさに一体になるのです。

その中で私自身は「応援のプロ」を任じています。「私の応援は誰にも負けない」と自負しています。選手の実力では負けそうな試合も、私の応援で勝てるとさえ信じています。現に選手の何人もが、「競り合った試合のぎりぎりの瀬戸際で、先生の応援で力が出た」と言ってくれています。

面と向かわなくても、海外での試合に臨む選手などとは、電話やLINEでのやり取りで「応援」します。その海を越えるやり取りで、負けそうな試合に逆転優勝したケースもあるくらいです。

もちろん「応援」とは、こうした試合の場だけではありません。普段の生活の中で、本当に子どもの心に寄り添い、時に突き放したり、抱きしめたり、相談相手になったりと、より子どものためになる「応援」があると思います。

また時には、子どもに直接あれこれ言わずとも、ひそかに勉強や練習に打ち込める環境を準備してやるのも、大人ができる大事な「応援」の一部でしょう。

子どもに自分の実力と思っている以上の力を出させる、あるいは子どもの中に眠っている力を引き出すには、応援の力、「応援力」がものを言うということです。

極端に言えば、「応援力」とは、子どもに「実力」以上の力を出させる「魔法の力」だと言ってもいいでしょう。それは、たとえば子どもが取り組むスポーツや学科の専門家でなくても、すべての親や先生に発揮できる力です。

私は生徒・社員には、ただ全身全霊を込めて「ガンバレ!」しか言いません。それを皆は自分自身の精神エネルギーに変えてガンバッテくれ、素晴らしい成果を出してくれています。

子どもの教育に関して親や先生ができる最大のこと。それはこのような「応援力」をつけることであり、「教育」の本質は「応援」である――。

そのことを訴えたくて私はこの本を書きました。これからの教育を考えるうえで、何らかのヒントになれば幸いです。

平成30年7月

相生学院高等学校理事長　森　和明

通信制高校だから全日制に勝てる　目次

第1章　通信制が全日制に勝った！

第2章 いい「教育」とは、いい「応援」のこと

第3章
相生学院を作った私の原点

第4章

通信制は生徒の将来を見据えた教育システム

第5章
本気の「応援」には、さらに「応援」が集まる

第1章

通信制が全日制に勝った!

まずは、この子らの素晴らしい活躍を見てください

私がいかに「応援」の効用を訴えようとも、今までその「応援」の果たしてきた効果の実績がなければ、何の説得力も持ちません。

そこで、まずこの第1章では、「まえがき」でもすこし触れたわが相生学院高校（時に略して「相学」と称します）の子どもたちの、素晴らしい活躍ぶりを振り返ってみます。その上でそうした活躍がなぜ可能になったかを、後の章で見ていきましょう。

◆テニス全国制覇、しかも三冠、男女アベック制覇

まず、何と言っても相生学院テニス部のここ9年間にわたる戦績は、全国レベルの最高の栄誉として各方面から高く評価していただいています。

●テニス部　男子

２０１０年　世界国別対抗戦「ジュニアデビスカップ」……日本初の優勝（日本チーム３人のうちの１人）
第33回（平成23年度）全国選抜高校テニス大会……団体戦　優勝
平成24年度　全国高等学校総合体育大会（インターハイ）……団体戦　優勝
平成24年度　国民体育大会　テニス競技……団体戦　少年の部　優勝
平成24年度　全日本ジュニアテニス選手権……シングルス　優勝、ダブルス　優勝
第35回（平成25年度）全国選抜高校テニス大会……団体戦　優勝
第38回（平成28年度）全国選抜高校テニス大会……シングルス　優勝
平成28年度　全国高等学校総合体育大会（インターハイ）……団体戦　優勝、ダブルス　優勝
第39回（平成29年度）全国選抜高校テニス大会……団体戦　優勝、シングルス　優勝
平成29年度　全国高等学校総合体育大会（インターハイ）……団体戦　優勝、シングルス　優勝、ダブルス　優勝・準優勝・３位（ダブルス・ベスト３独占は史上初、団体・シングルス・ダブルスの三冠達成）

●テニス部　女子

第35回（平成25年度）全国選抜高校テニス大会……団体戦　準優勝
平成26年度　全国高等学校総合体育大会（インターハイ）……ダブルス　3位
平成26年度　全日本ジュニアテニス選手権……シングルス　準優勝、ダブルス準優勝
平成27年度　全国高等学校総合体育大会（インターハイ）……団体戦　優勝
第39回（平成29年度）全国選抜高校テニス大会……団体戦　優勝
第40回（平成30年度）全国選抜高校テニス大会……団体戦　優勝

２０１０年、メキシコで開かれたジュニアデビスカップで、相生学院高校1年生の河内一真選手ら３人の日本男子チーム（他２人は他校選手）が、決勝戦でカナダチームを下して初優勝を果たしました。

これまで、同大会での日本勢は、錦織圭選手らが出場した２００５年の５位が最高だったのです。強化キャンプで指導した元プロ選手の松岡修造氏からも、「日本テニ

ス界の快挙。さらに上を目指して頑張れ」と称えられました。

河内選手も、「これからも一戦一戦を大事に戦って、世界4大大会で活躍できる選手になりたい」と将来の目標を語り、現在プロになって活躍中です。

この戦績の中で特筆すべきことは、インターハイの歴史の中で、男子も女子も優勝している高校は「相生学院高校」だけということです。

また「選抜」の団体戦でも、第35回（平成25年度）は男子優勝、女子準優勝でしたが、第39回（平成29年度）では見事、男女アベック優勝を果たしました。これも2001年の柳川（福岡）、2006年の長尾谷《ながおだに》（大阪）以来、史上3度目の快挙でした。

第40回の近畿地区大会団体戦では、4年連続の男女アベック優勝を飾り、男子は9連勝、女子は4連勝。全国大会でも女子は優勝しました。

◆世界ジュニアゴルフ15歳～18歳部門で初優勝

テニスに次いで世界的な活躍として挙げたいのが、「まえがき」でも触れたゴルフでの快挙です。

2017年7月、アメリカで開催された若手ゴルファー世界一を決める「IMGA世界ジュニアゴルフ選手権」で、相生学院高校3年、大林奈央選手が日本人で2度目の優勝を勝ち取りました。

「IMGA世界ジュニアゴルフ選手権」は、約60カ国のトップ選手が出場しますが、18歳までが年齢で6つに区分されます。

日本からは国内予選を勝ち抜いた各部門の男女、各1〜4名が米国カリフォルニア州サンディエゴでの本選に参加しました。大林選手は15歳〜18歳部門で、約100人の女子選手が参加した2回の予選を、ともに1位で勝ち抜きました。

本選は4日間続きましたが、初日は首位と4打差の3位で終えました。「もっと攻めないと勝てない」と反省した大林選手は、2日目以降、ミスを恐れず仕掛けていくという積極的な姿勢が功を奏し、2日目には2位、最終ラウンドは首位と3打差でスタートしましたが、追い上げて首位との差を覆します。そして、2位に7打差を付けて大勝したのでした。

大林選手は、「飛距離も技術もそこそこで特徴のない選手」だと自己分析します。

しかし、この歴史ある同選手権の優勝は確実に自信につながっており、「私があこがれたような、かっこいい選手になりたい」と語りました。

◆ボクシングでも全国三冠王

2013年10月8日、東京都内で開かれた第68回国民体育大会「スポーツ祭東京2013」において、ボクシング少年バンタム級の山内祐季選手が優勝しました。山内選手は当時、相生学院高校3年生でした。山内選手は、それまでも、全国高校選抜大会、全国総体と合わせ、高校三冠を達成しています。技巧派サウスポーと呼ばれた山内選手は、ボクシング少年男子バンタム級の頂点に立ちました。

2014年3月24日の全国高校選抜大会では、フライ級の小田切稜平選手、ウェルター級の谷田瞳磨選手がそれぞれ準々決勝に進みました。両者とも相生学院高校生です。

2014年10月の長崎国体では山内祐季選手が成人の部バンタム級で、全日本ランキング1位を相手に闘い、見事優勝を果たしました。

２０１５年６月７日、兵庫県立西宮香風高等学校で兵庫県高校総体（ボクシング）が行われ、結果は、見事３名の選手が優勝し、全国大会への出場が決まりました。ウェルター級優勝は谷田選手、フライ級優勝は田井選手、ピン級優勝は豊嶋選手でした。田井選手は最優秀選手賞、谷田選手は敢闘賞にも選ばれました。

今後も、オリンピックを目指す選手を育成したいと思います。

●ボクシング部の戦績一覧

《団体戦》
平成23、24、25年度県高校総体３連覇
平成25年度全国高校総体ベスト４

《個人戦》
平成24年度全国高校選抜バンタム級　優勝（山内祐季）
平成25年度全国高校総体バンタム級　優勝（山内祐季）
平成25年度国体バンタム級　優勝（山内祐季）

平成25年度国体フライ級　第3位（横田一磨）
平成25年度全国高校選抜フライ級　第3位（小田切稜平）
平成26年度全国高校総体ウェルター級　ベスト8（谷田瞳磨）

◆国公立から有名私立、そして海外一流校への進学実績

スポーツの実績が続きましたが、通信制のウィークポイントと思われてきた進学についても、過去の常識を破るに十分な実績を、相生学院は上げてきています。

通信制の利点は、勉学の面でも生かせるということの何よりの証拠になると思います。全日制よりも、自分のやりたいことが自由にでき、また、その時間もたくさんあります。

そして、スポーツと同じように、勉強でも、先生方のサポート体制は万全ですので、しっかりとした指導ができます。

また、AO入試（通常の筆記試験でなく入試事務局 Admissions Office の判断で、面接や討論、小論文などによって合否を判断する入試）や、推薦入試（スポーツ・指

定校・公募）など、さまざまな方法で、有名大学へ進学しています。

この原稿の執筆中にも、海外進学のビッグニュースが入ってきました。

相生学院テニス部のエースで数々の実績に貢献し、2018年3月に卒業した菊地裕太君が、このほどアメリカ・カリフォルニア大学バークレー校に合格しました。

この大学は、世界の大学ランキングをとるARWU（世界大学学術ランキング＝The Academic Ranking of World Universities）の2017年のランキングで6位に入っている超難関大学ですが、ここの特待生に選ばれました。

ちなみに日本の大学は、東京大学が24位、京都大学が35位、名古屋大学が84位ですから、このバークレー校のランクの高さがわかります。特待生になると、普通の学生が年間600万円もかかる学費を80万円にしてもらえるそうです。

菊地君がこの大学を目指した当初、国際的英語力検定TOEFLの実力は、iBT（インターネット・ベイスド・テスティング）というインターネットを使ったテストでたったの27点でした。ところが一念発起して半年間の間、一日12〜13時間、集中的に勉強し、70点を突破できたのです。

世界に向かってはばたく準備ができたわけですが、彼は私の電話激励に大いに喜んでくれ、「ＩＭＧＡ世界ジュニアゴルフ選手権」で優勝した大林奈央選手と同じように、「プロになって賞金を稼いだら、まずその一割は相生学院に寄付しますよ」と大真面目に言ってくれました。

応援した結果が、こうして次の世代への新たな応援として返ってくるのは、何物にも代えがたい喜びです。このような「応援の連鎖」こそが、将来にわたっても人を育てるのだと思います。

その他、これまでの大学や専門学校、就職先企業など進路実績を挙げておきます。

●大学

—海外

エディンバラ大学、ロンドン大学キングス・カレッジ、ロンドン大学ロイヤル・ホロウェイ、エクセター大学、パデュー大学、オレゴン大学、ベトナム大学、カンバーランド大学など。

―国内

北海道大学、大阪大学、神戸大学、兵庫県立大学、早稲田大学、立教大学、国際基督教大学、青山学院大学、法政大学、中央大学、日本大学、成蹊大学、共立女子大学、同志社大学、関西学院大学、関西大学、立命館大学、龍谷大学、佛教大学、京都外国語大学、京都造形芸術大学、近畿大学、関西外国語大学、大阪体育大学、大阪電気通信大学、帝塚山学院大学、桃山学院大学、大阪商業大学、甲南大学、武庫川女子大学、神戸学院大学、神戸女学院大学、神戸松蔭女子学院大学、兵庫大学、姫路獨協大学、関西国際大学、神戸国際大学、姫路大学、神戸親和女子大学、流通科学大学、神戸海星女子学院大学、芦屋大学、岡山理科大学、吉備国際大学など。

●専門学校 他

ＩＣＴ専門学校、京都建築大学校、日本工科大学校、トヨタ東京自動車大学校、日本航空大学校、大阪ＥＣＯ動物海洋専門学校、神戸ビーツー理容美容専門学校、

大阪モード学園、東洋医療専門学校、日本調理製菓専門学校、兵庫県立ものづくり大学校、なにわ歯科衛生専門学校、大原簿記専門学校、HAL大阪、ヒューマンアカデミーなど。

●就職

ヤマサ蒲鉾株式会社、株式会社シマブンコーポレーション、協和精工株式会社、ヒフミ産業株式会社、医療法人仁寿会石川病院、株式会社宝寿園、高砂市役所、株式会社はま寿司、読売新聞西加古川YC、株式会社マルアイ、ヤマト運輸株式会社、潜水屋Ti-Daなど。

◆「夢」スピーチコンテストでグランプリ

こうした全国規模の成果は、スポーツや学業・進学だけではありません。

5年間引きこもりだった子が、相生学院での先生や仲間との出会いから絵本の制作に目覚め、その夢を大勢の前で語ることに挑戦した結果が、「第2回世界にはばたけ『夢』スピーチコンテスト」でのグランプリ（最優秀賞）受賞という形で実りました。

この「『夢』スピーチコンテスト」は、一般財団法人青少年夢応援隊が主催するイベントです。

その開催趣旨は、将来の目標を持った経済的支援を必要とする若者が自身の「夢」をテーマにスピーチを行い、受賞者を選定、支援金権利を授与するというものです。

主催団体の名称からしても、まさに若者の「応援」のためのコンテストです。

作文を送って審査を受け、選ばれた9人が、最終選考の舞台に立ちました。そして2014年9月、大阪商業大学内のユニバーシティホール蒼天で行われたスピーチコンテストで、相生学院明石校2年の石崎成美さんが最優秀賞に輝きました。

石崎さんは、校長先生（尾池良一）と共作の絵本を出版したいという夢を、次のように語りました。

「私と校長先生共作の絵本を出版したい！」

——相生学院高等学校2年　石崎成美（スピーチ内容）

私は通信制の高等学校に通う2年生です。このたび、高校の校長先生に監修していただいて絵本を作成しました。タイトルは『ベンチくん、どうしたの?』です。

この絵本の主人公は公園にあるベンチです。

この絵本を通じて生きること、夢と勇気、人と人とのつながりが、いかに大切かということを見つめ直してほしいと思っています。

この絵本はベンチくんとその楽しい仲間との日常を描いたものです。私は今年で19歳になります。本来なら、高校を卒業して大学や専門学校で学ぶ学生となっていたでしょう。

ですが、私は過去5年間、不登校、いわゆる引きこもりでした。中学校に入学直後にいじめを受け、それからほとんど登校せずに卒業してしまいました。そのまま高校にも行かずに17歳になりました。

熱心な友人の説得を受け、18歳で現在の相生学院高校に入学。そこで、尾池良一校長先生に巡り合いました。

そのうち、校長先生と共同で絵本を作ることになりました。それがこの絵本です。

私が絵を、校長先生がシナリオを書いてくださいました。改めて、シナリオを読み直してみると、ベンチくんは自分によく似ていることに気付きました。絵本の中のベンチくんは病気でしたが、みんなの支えで元気になりました。

私も信じて支えてくれたみんなのおかげで、不登校を乗り越えることができました。

ベンチくんと私と今まで出会った人と今日、出会った人がいるからこそ私は強くなり、勇気を持って、今ここに立っているのです。

この絵本を出版して、全世界の人に読んでもらいたい。それが私の夢の実現です。この本を出版するのに150万円かかります。和文、英文も、絵も、この歌のCDも歌詞も楽譜もあります。フィギュアまでつくりました。出版の準備は万端なのです。

今月、絵本の試作本を持って、幼稚園に読み聞かせに行きました。反応はとても良いものでした。

出版できたら、全国の保育園、幼稚園、児童養護施設、図書館に置いてほしい。海外にも配り、日本語学習の教材にしてほしい。

私はこの計画を「創作絵本ベンチプロジェクト」と名付け、活動の和（輪）を広げていきたいと思っています。

この実現の第一歩を大阪から広げていきたいと思います。

石崎成美さんは最優秀賞でしたので、賞金50万円を授与されました。これに理事長である私から１００万円を追加して、すぐ出版の夢が現実になりました。

グランプリ受賞の翌年、２０１５年3月26日付で、大阪市の出版社・せせらぎ出版から横大型の絵本として、『ベンチくん、どうしたの？』――読みあい・聞きあう絵本（24ページ、本体１５００円＋税）が発売になりました。アマゾンでも入手できます。

文は「おいけ　りょういち」、絵は「いしざき　なるみ」と表記されています。出版の案内には、次のように書かれていました。


――ベンチくんは、ゆめの小学校に住んでいます。

ベンチくんは、お友達とお話をするのが大好き。

ある雨の日、ベンチくんの足が急に痛みはじめました。

やさしい仲間と、たのもしいドクターのこぎりが駆けつけます。

「ベンチくん、どうしたの？」

ベンチくんとドクターのこぎりと仲間たちの、あたたかな心の通い合いを、かわいいイラストとともにお届けします。――

◆**高校生ビジネスプラン・グランプリで優秀賞**

スピーチコンテストでグランプリを取った石崎成美さんと相生学院明石校の「創作絵本ベンチプロジェクト」は、2年後、さらに大きな成果へとつながります。

日本政策金融公庫が主催し、財務省、文部科学省、厚生労働省、農林水産省、経済産業省など多くの官庁や団体が後援する「創造力、無限大∞ 高校生ビジネスプラン・グランプリ」の優秀賞を受賞したのです。

この賞は、「日本の未来、地域の未来を切り拓くビジネスプランを募集します！」という呼びかけのもと、主催者の次のようなメッセージに応えたものです。

――活力ある日本を創り、地域を活性化するためには、次世代を担う若者の力が必要です。実社会で求められる「自ら考え、行動する力」を養うことのできる起業教育を推進することを目的として、ビジネスプラン・グランプリを開催します。――

この呼びかけによる2017年1月8日の第4回最終審査で、相生学院高等学校明石校の「創作絵本ベンチプロジェクト 世界ベンチ家族物語～今こそ絵本で家族をつなぐ！～」が、エントリー総数2662件、324校の中で、ベスト10に入る賞を獲得したのでした。

正確にはグランプリ1校、準グランプリ1校、審査員特別賞3校に次ぐ、優秀賞5校の1つに選ばれたのです。グランプリを取った大阪府立三国丘高等学校ほか、静岡県立藤枝北高等学校、早稲田大学高等学院、京都府立桂高等学校など、名だたる名門校に伍しての受賞でした。

最終審査と表彰式は、東京大学伊藤謝恩ホール（東京大学本郷キャンパス内）で行われました。そのときの動画が、主催者のホームページに公開されています。

私は会場には行けませんでしたので、ネットTVを見たのですが、感動のあまり涙をこらえることができませんでした。

ちなみに、グランプリを取ったのは「ビビック～安全な蚊除け商品開発ブランド～」で、現在、実際に商品化されているとも聞きます。たしかにこのグランプリ作品には、なるほどと思わせられましたが、相生学院も地味でおとなしいテーマでありながら、けっして負けてはいないと思いました。

ただ、発表に臨む生徒たちの、過去の引きこもりなどのハンデを思うと、不安もありました。会場の東大まで引率した明石校・尾池校長は、新幹線の中で心身のバランスを崩しそうになった生徒もいて、はらはらしたと言います。

しかし本番ではみごとな発表を見せてくれ、この成果につながったのです。

◆「ボランティア・スピリット・アワード」で米国ボランティア親善大使に

この「創作絵本ベンチプロジェクト」の快進撃は、ここで止まりませんでした。プルデンシャル生命などが主催する「ボランティア・スピリット・アワード」（SOC）で米国ボランティア親善大使に選ばれ、2017年5月に訪米する栄誉を担ったのです。

「ボランティア・スピリット・アワード」とは、同賞のホームページによれば、次のように説明されています。

「ボランティア活動に取り組む中学生・高校生を支援するプログラムです。このプログラムは、活動に優劣をつけるものではなく、賞を通してボランティア活動について情報交換できる場を提供し、誰もが気軽に、そして自然にボランティア活動に取り組める社会環境を創ることを目指しています」

この第20回の選考で、文部科学大臣賞2校に次ぐ米国ボランティア親善大使2校のうちの1校に、相生学院明石校の「創作絵本ベンチプロジェクト」が選ばれたのです。プロジェクトを代表して、同校の永江春輝君が、こう訴えました。

――保育園や幼稚園・学校・図書館などで、創作絵本ライブ『ベンチくん、どうしたの?』の読み聞かせを多数行っている。このほか、スピーチ披露に加え、江戸時代からの伝統芸能である皿回しや、書道パフォーマンスを披露することで、地域貢献に努めている。こうした活動が評価され、ボランティア・スピリット・アワードコミュニティ賞を受賞。さらに活動を広く認知してもらうために、広報部をつくり、朗読ライブ後の様子などをまとめたニュースレターを発行するほか、活動の場を地元だけでなく、他地域まで広げていく活動にも取り組んでいる。――

この活動が評価され、２０１７年5月に米国ワシントンＤＣで開かれたPRUDENTIAL SPIRIT OF COMMUNITY全米表彰式に、同時受賞の大分上野丘高校の女子生徒とともに、永江君が参加しました。

その感想を、同ホームページで永江君はこう語っています。

——初めてアメリカの表彰式に参加させていただき、さまざまな面で日本の受賞者との違いを感じました。

たとえば、アメリカには数千万円規模の寄付を集める若者や、社会に目を向けて、常識では考えられないような画期的な活動をしている子も多くいました。

また、ボランティアに対する意識の高さや、自らが社会にどのように関われば課題解決ができるのか、ということを一人で考え、次第にまわりの人々を巻き込みながら実現に向けて取り組む姿は、私にとって刺激になりました。同時に、相手の活動を知り、理解を深め、自らの中に吸収しようとする姿勢も印象的でした。

英語は完璧に話せなくても大丈夫、何とかなります。一生懸命伝えれば相手も寄り添ってくれます。そこには、他者を思いやる心が常にあることを改めて感じました。この気持ちを大切に、学べるチャンスをフルに活用していきたいと思います。

今回は、「ベンチくん」の点字本贈呈という特別プログラムを実現することができ、絵本「ベンチくん」の存在を多くの人々に知ってもらえる意義深い機会となりました。「ベンチくん」の絵本が、家族間のコミュニケーションを深める一つのツールとして親しまれていくことを願っています。――

◆高校生ボランティア・アワードの受賞をNHK BSで放送

さらに、この「創作絵本ベンチプロジェクト」は広い世界に飛躍します。

同年（2017年）8月9日〜10日、シンガーソングライター・さだまさしさんがつくった公益財団法人「風に立つライオン基金」主催の「高校生ボランティア・アワード」での受賞が決定したのです。

2017年高校生ボランティア・アワード受賞
前列：相生学院高校「創作絵本ベンチプロジェクト」のメンバー
後列：主催者側のさだまさしさんほかゲストの面々

この日、さいたまスーパーアリーナ・コミュニティアリーナという大会場で、前年の4倍に当たる101校が参加して、発表大会や表彰式が行われました。

その発表で、相生学院は次のテーマでアピールしました。

＊活動タイトル：ベンチくんと共に全国、世界に届け、『勇気とささえ愛!!』

創作絵本『ベンチくん、どうしたの？』の絵本を出版し、朗読ライブを月1〜2回程度実施。他にも皿回しや、漫才、書道パフォーマンスを行っており、多世代の方々と協働実践を行っています。

私たちは地域の活動にも参加しており、明石公園納涼フェスティバルでは司会役を担当、1・17ひょうごメモリアルウォークでは、参加者へのドリンク配布、明石市の岩屋神社で清掃活動も含めた、掃き初め・書き初め会を主催し、ベンチくんを通して、地域貢献を果たしています。また、「世界ベンチ家族物語」という、家族の記念日に家族の名前を入れた世界に1冊だけの本を作るビジネスプランを、東京大学でプレゼンする機会をいただくこともできました。


このイベントには、主催者のさださんのほか、特別応援団の湘南乃風・若旦那さん、テツandトモの2人、ももいろクローバーZに加え、その年は小林幸子さんとマジシャンのセロさんが加わり、金・銀・銅賞の三賞のほか、各ゲスト賞が提供されて、相生学院の「創作絵本ベンチプロジェクト」が、セロ賞を勝ち取ったのです。

セロさんといえば、店の看板にあった写真のケーキを、突然つまみだして本物のケーキにしてしまうといった、想像を絶する不思議なマジックで有名なマジシャンです。

この日は、セロさんからの表彰で舞台に上がった相生学院の石井祥吾君が、セロさんのマジックに参加するという、貴重な経験をさせてもらいました。

各ゲストたちもそれぞれに魅力的な舞台を披露してくれ、その映像がNHK BSプレミアムで、10月28日の午後1時半から2時間にわたり、「さだまさしコンサート～がんばれライオン２０１７～」として放送されました。

挙げて行けばきりのない相生学院での想定以上の成果――。それはいったいなぜ可能になったのか。

答えは、「通信制なのに」と「通信制だから」のはざまで揺れながら上昇し、弁証法の「正・反↓合」のように新たな次元に止揚されていくのかもしれません。

第2章

いい「教育」とは、いい「応援」のこと

「応援」の魔法を叶える通信制高校の開校

◆情報技術学院の経験から、通信制高校の可能性に賭ける

第1章でお話しした、さまざまな信じられないような実績が、なぜこの通信制の相生学院で可能になったのか——。この章からは、いろいろな視点でその「謎」を私なりに考え、整理していきたいと思います。

それにはまず、この学校がどんな意図のもとに作られたか、その経緯を知っていただく必要があります。

この開校の下地には、私が40年近くまえ（1979年）に加古川市で立ち上げたコンピュータ販売・ソフト開発の会社、富士コンピュータ販売株式会社（2013年より富士コンピュータ株式会社に改称）があります。そのころはまだコンピュータは一般に普及しておらず、一台1000万円も珍しくありませんでした。

しかし、新しい時代の要請を受けて会社は発展し、従業員もあっという間に150人を超える規模にまで成長しました。

夢を描いて入社してくる若者も多かったのですが、2~3年会社で修業し、いろいろ勉強すると、どんどん大阪や神戸、東京へと転職し出て行ってしまいます。

それならいっそのこと、その勉強のための学校を作ろうと、最初は技術系大学の創立を目指したのですが、大学までは難しいことがわかり、コンピュータスクールとしての情報技術学院を作ることにしました。

ちょうど暦が2000年を迎える直前、コンピュータが暦の切り替わりを正しく認識できなくて誤作動を起こすという、「2000年問題」の騒動がありました。

私が会社の本拠地である加古川市に、「情報技術学院」(UDIT《ユーディイット》、University for Developing Information Technologists)を開校したのは、この騒動が起きるすこしまえ、1999年のことでした。

加古川校から神戸校、大阪校、姫路校、明石校と広げ、多くの人が入学して勉強してきましたが、IT関連の勉強は、やはり、若いときから取り組むほうが成果が上がります。

IT関連の世界では、学歴は関係なく、中学卒業だけでも、早くからどんどん能力を伸ばして活躍できるのです。しかし、今の日本ではやはり高校を卒業していたほうが何かと有利な現実があります。

ＩＴ関連の勉強は、早くから始めたほうがいいけれど、やはり高校卒の資格はあったほうがいいのです。そこで、何らかの事情で高校へ行けなくなった子どもも含め、形に縛られず、自分のやりたいことをできる学校として、通信制の高校の可能性に賭けてみたくなりました。

中学時代勉強が苦手だったとか、人づきあいが下手だったとかという「過去」を問うことなく、いろいろな子どもにチャンスを与え、自信をつけるための「応援」をしたいと思ったのです。

すなわち、彼らが持っている潜在意識や潜在能力にスイッチを入れてあげられる学校ができないものかと考えました。

◆「海と森と人が輝く相生市教育特区」に相生学院開校へ

そんなときたまたま、同じ兵庫県の相生市にある市立相生中学校が、生徒数の減少

相生湾に面した山裾に建つ相生学院高校相生本校

などから、同市の那波中学校に統合されることになり、かつては2000人もの生徒が通った立派な校舎が廃校になっていることを知りました。

相生市と言えば、しばらく前まで石川島播磨重工業（現・IHI）という大企業による造船の町として栄え、学校にも多くの生徒が通っていたのですが、同社の造船撤退もあって、当時すでに10年ほど過疎化が進んでしまっていました。

そのため相生中学校も、なんと2・5ヘクタールの敷地にある、南北2棟の鉄筋3階建ての立派な校舎（延べ3000平方メートル）と、全面芝生張りの広い校庭が、使われなくなってしまったのです。

しかも同市のこの地域は、都市計画法の市街化調整区域であるため、学校を解体して用途変更することも難しいのが実情でした。

しかし、同校の立地は、校舎から相生湾を望める自然環境抜群の地ですし、学校からJR相生駅までは数キロ、駅には新幹線が停まるという利便性もあります。

それに相生市には、大正11年から続いている海の守り神・白龍を象《かたど》った手漕ぎの「ペーロン（ドラゴンボート）」の祭りが、ずっと石川島播磨の協力などで続けられ、市の貴重な文化資源・観光資源になっていました。

私は、こうした相生市の財産や立地のよさを活用しなければもったいないと思い、ちょうど思い描いていた通信制高校の構想を、同市の関係者に打診しました。

当時、兵庫県内に私立の通信制高校の本校はなかったので、実現すれば県で初の私立通信制高校になります。

当初は学校法人としての開校を目指したのですが、県立の通信制高校が2校とも定員割れしているなどの事情から、県の法人認可は不調に終わりました。

それならと次の手を打ったのが、2002年から当時の小泉内閣によって始められていた構造改革特別区域計画、いわゆる「教育特区」制度の利用でした。この申請が通れば、学校法人でない普通の株式会社でも学校を運営できるのです。

2007年5月30日、相生市から「海と森と人が輝く相生市教育特区」の申請をしてもらい、同年7月4日付けで内閣府から、内閣総理大臣・安倍晋三の名で認定書を受け取りました。

この特区認定を受け、同年8月20日、わが社からの広域通信制単位制高等学校「相生学院」設立の申請書が提出され、同年11月16日に正式に相生市から学校設置の認可が下りたのです。

相生市としても、廃校になってしまった校舎が生き返り、若者たちが集まってくる新たな学校の計画は、地域の活性化に役立つだろうと大乗り気でした。

しかも、私の構想の中には、市の財産である「ペーロン祭」など地域行事への参加や、ペーロン競技の教科への取り入れなども視野に入っていましたから、大歓迎してくれたのです。

これはまさに、自分に合った道を選びたい若者たちへの「応援」であると同時に、再生を目指す地域への有力な「応援」にもなる、と私の夢も広がりました。

◆目指すは「灘校＋PL学園」

認可を受けてすぐ改装工事を終え、２００８年3月1日の開校式を経て、4月7日の入学式にこぎつけました。開校式では、同学院理事長として私が挨拶し、

「今までやってきた情報技術学院などでの教育実績を生かし、激変するIT社会の中で活躍できる人材を育てて、従来の通信制高校のイメージを払拭したい。勉学面では進学校のトップ・灘校、スポーツ面では野球の名門・PL学園を目標にしたい」

と、抱負を語りました。聞いていた関係者の皆さんの中には、「意気込みは認めるが夢のような話だなあ」と感じた人もいたようです。

しかし、私自身は大真面目で、「目指すのは灘校＋PL学園。その一日も早い実現だ！」と思っていたのです。

「応援には、かならず高い目標を掲げる」ことが必要です。それによって応援するほ

うもされるほうも、熱気が高まります。本気度が違ってくるのです。

この学校は、「広域通信制単位制高等学校」ですから、全国から生徒を募集し、まずいわゆる普通の通信制、つまり教科書や視聴教材による自宅学習とレポート提出による勉強と、年間10日間ほどの登校によるスクーリング（面接授業）で成り立つ「通信コース」に各学年150人の定員を設けました。

そしてそのほかに本校独自の、通信だけでない通学による学科授業と「部活」としてのスポーツの特訓も行う「特進コース」を設け、ここに各学年40名の、合計570人の定員を設けました。

地方からの生徒のスクーリングには、宿泊が必要になりますが、校舎からほど近い瀬戸内海国立公園・万葉岬にある、絶景で有名なリゾートホテル「ホテル万葉岬」のオーナーが私の知り合いなので、安い宿泊費で応援してくれます。

初年度の入学生は66人。転入・編入を含めた入学生の年齢幅はなんと、15歳から63歳。さすが通信制の面目躍如たるものがありました。

募集の売り物としていた情報技術教育や、テニス、サッカー、ペーロンなどのスポーツ、大学進学、海外留学などに夢を抱いて入学してきてくれた一期生たちの顔ぶれは、今でも一人ひとり忘れることができません。

「テニスで全国制覇を目指す」と言って入学した15歳の古井俊輔君が、新入生を代表して、

「この進路を選ばせてくれた親に感謝し、精一杯テニスを頑張ります」

と宣誓しました。

古井君は、この宣誓どおり、その後、テニス部副主将として、荒井貴美人監督のもと、2009年11月、全国選抜高校テニス大会近畿地区大会では初出場ながら団体優勝を勝ち取り、翌年の選抜全国大会でも準々決勝に進出するまでチームを引っ張りました。卒業後も、関西大学に進んでテニスに打ち込むなど、自分の夢を叶えたテニス人生を送っています。

こうしてスタートした相生学院高等学校が、1年、2年と地道に実績を重ね、3年目にテニスの「選抜」で全国制覇を成し遂げたのをはじめ、第1章で駆け足ながら紹介した、予想をはるかに超える成果を上げるまでに成長してきたのです。

ここでは、最新の成果の中から、その成果がいかにして上げられたか、そこで果たした「応援」の役割についてお話しします。

ゴルフ世界ジュニア逆転勝利の秘密

◆相生学院でゴルフの練習時間が増えた

最初は、先述したIMGA世界ジュニアゴルフ選手権で優勝した大林奈央さんのケースです。

彼女は4歳のときから親のゴルフの練習について行き、興味を持つようになり、自分もゴルフを始めるようになりました。

大林さんは、ゴルフ好きの両親のもと、宮里藍さんや石川遼選手にあこがれ、5歳の頃にゴルフスクールに入学しました。

小学2年のとき、低学年女子向けの大会に初出場し、8人のうち2位に入りました。

いい成績を残せたことから、ますますゴルフにのめり込み、中学校から本格的な指導を受けます。レッスンは週1回でしたが、スイングを固めるために毎日練習しました。

一方、小・中学校では関東への遠征などで授業を休みがちになります。友人との付き合いが疎遠になり、人間関係に悩むこともありました。ゴルフの練習も1週間以上投げ出すようになり、いわばメンタル面からスランプに陥りました。

このように、大林さんは自分で個人的にずーっと頑張ってきたわけで、相生学院に入ってからゴルフに専念し始めたわけではありません。

ただ、中学校のときは、自分のやりたいことができないその学校に馴染めず、不登校気味になっていました。

しかし、高校を相生学院に決めたのを機に、「もう一度ゴルフに打ち込みたい」と前向きになり、多くの大会に出場し始めます。

ですから、相生学院に入って成績が伸びたのは、ゴルフの練習時間が増えたからにほかならないでしょう。相生学院は通信制で、自由な時間が多いですから、練習時間が自由に取れるようになったことが大きいと思います。

もう大林奈央さんは、宮里藍さんと同じクラスの実力があると言っても過言ではないと思います。

◆LINEと電話で毎日やり取り

大林さんがIMGA世界ジュニアゴルフ選手権へ出場するため、アメリカへ出発する前、私は姫路校で会い、大林さんを激励して、一緒に写真を撮りました。

そして、アメリカにいる大林さんと日本にいる私は、毎日LINEでやり取りしました。日本にいるときはショートメールでやり取りしていましたが、海外からはLINEのほうがつながりやすいので、毎日LINEで試合状況の確認をやり取りしました。それをすこしご紹介しましょう。

試合1日目

森：試合どうですか？

大林：終わりました。今日はスコア72でした。まだ順位はわからないんです。これを見てください。（「試合内容の公式データ」を添付。現在は大林奈央が1位に更新されていますが、初日は、3位でした）今は3位タイです。

森：頑張りましたね。日本から応援してるよ。

大林：ありがとうございます。まだ始まったばかりなので、落ち着いて、しっかり自分のプレーを残りの3日間やっていきたいと思います。

森：奈央ちゃん、よかったら写真送ってください。

大林：（日本チーム6人で撮った写真添付送信）

森：どれが奈央ちゃん？

大林：一番左です。

森：ああ、そうかい。

大林：明日からプレッシャーに負けないで頑張ります。

森：よく頑張ったね。もっと頑張れ。

大林：了解です。

森：写真送って

大林：えっ？　今日のですか？　試合中は写真を撮る余裕がないので、このあいだのような感じの写真しかありません。

※ネットで公式記録が発表される。
1日目……38／34で72
2日目……35／34で69

3日目終了後

大林：今日も69でした。最終日、しっかり自分のプレーをします。

森：よく頑張ったね。今現在何位ですか？

大林：２位です。（日に焼けた２人の写真添付送信）部屋で一緒の子です。

森：何人ですか？

大林：２人部屋です。

森：いや、どこの国の人ですか？

●ここから電話で

大林　アメリカと日本のハーフです。

森　そうか。２位で満足したらあかん、攻めて行け。

●試合４日目最終日

大林　逆転優勝できました！

森　よくやった！　えらいぞ！　帰ってきたらご馳走したる。

※ネットでの公式記録発表
　３日目……35／34で69
　４日目……33／33で66

アメリカでの試合中、このようなＬＩＮＥのやり取りをして、私は大林さんを全力で応援しました。

このＬＩＮＥのやり取りを見てもわかるように、私と大林さんの関係は、理事長と生徒というより友達、またはメンタルな面での師匠と弟子の関係に近いものがあります。

ＬＩＮＥで「今、どうしてる？」と電話やメールを気楽にやり合うところは、まさに友達といったところでしょう。

もちろん、私は選手に技術を教えることはできませんが、人生の多くの経験から、技術以外のことをアドバイスし、励ますことができるのです。

私が不登校生のための塾の合宿に招かれて、北海道へ行っているとき、大林さんがアメリカから帰国しました。私は「時間があれば、優勝カップを持って訪ねて来てください」と大林さんに伝えました。

すると加古川に帰った私のところへ、大林さんのお母さんも一緒に来てくださり、私が北海道で釣ったニジマスを店で調理してもらい、一緒に食べました。

そのときに、私が大林さんに半ば冗談で、「将来、賞金を１億円、２億円って稼ぎ出したらね、相生学園に１割くらい寄付せーよ」と言うと、大林さんは「はい、します。しますと」と大真面目に言ってくれました。

大林さんの快挙を聞き付け、私の取材に来た雑誌社の記者が、ぜひ、大林さんと話してみたいというので電話を入れました。次はそのときのやり取りです。

記者 どうもおめでとうございます。

大林 ありがとうございます。

記者 今日はラウンド中でしたか？

大林 はい、練習ラウンドです。

記者 その後、調子はどうですか？

大林 帰国してからは、すこし調子が出ていませんでしたが、最近ずいぶん戻ってきました。

記者 アメリカでの試合中、森先生と大林さんのＬＩＮＥのやり取りを拝見しました。プライベートなものを失礼しましたが、そのやり取りがとても素晴らしいので、感激してしまいました。さりげないやり取りなんですが、日本から応援する森先生の力強さも、それを受け止めて高まっていく大林さんの気迫のようなものもふつふつと伝わってきたんです。

やっぱり、大林さんが逆転優勝できたのは、森先生とのＬＩＮＥのやり取りのおかげというところがあるんでしょうか？

大林　はい、それはもう大いにあります。知らない土地で、先生からのＬＩＮＥが入るとホッとします。先生の応援がすごく救いや励みになって、優勝することができたのだと思います。

このように、私もあきらめずに大林さんを応援したことで、２位でもすくなからず満足感を覚えていた大林さんは、１位になる欲を高めていってくれたのだと思います。日本とアメリカという距離があっても、私の応援力は伝わったのだと信じているのです。

相生学院のゴルフ部は、この大林さんに刺激を受け、彼女に続く栄誉を目指して、さらに可能性のある部員を募集しています。

「応援」の成果は、出身校を誇りに思えるかどうかに表れる

大林さんのように、すでに自分の世界を持っている人は、自分の学校が通信制であろうがなかろうが、自分にとっていいと思うほうを選びます。

しかし一般の子どもたちにとっては、そうもいかないのが現実です。つまり、通信制高校を選ぶ子どもたちも、そしてその親御さんたちも、通信制高校出身であることに誇りを持てないでいるのです。

私の知っているいくつかの通信制高校でも、そのことが問題になったようです。ある学校は、不登校生は学校へ「行けなかった」のではなく「行かなかった」、つまり「行かないことを選んだのだ」と主張し、子どもたちを見違えるように元気にしていました。

親たちは、子どもがたちまち別人のように元気になるのを見て、今まで何をやってもダメだったのにと、驚嘆すると同時に不思議がります。

しかし、その通信制高校では、子どもたちは「別人」になるのでなく、本来の「自

分」に戻るだけだから、たちまち変わっても何も不思議なことではないと言います。

それを聞いて、私も「なるほど」と感心しましたし、本人も親たちも、在籍中は涙を流して感謝しているのです。

生徒たちの文集や、親御さんからの手紙を見ても、

「自分の辛さや苦しさをようやくわかってくれるところに出会えました」

「この子に将来はないと絶望していて、ワラをもつかむ思いでお訪ねしたのに、こちらはワラどころか太い太い綱でした。心から感謝しています」

などなどの言葉で溢れています。

ところが、その通信制を卒業して社会に出た子どもたちに会おうとしたり、話を聞こうとしたりすると、彼らはその通信制出身であることを、あまり話したがらないというのです。あれほど感謝していたのに、彼らはそうした学校の世話になった自分の過去を、他人に知られたくないようです。

これでは、彼らを送り出した学校の指導者は報われませんし、子どもたち自身も不幸ではないでしょうか。もしかして、ここには本当の意味での「応援」する喜び、

「応援」される喜びがなかったのではないか、とも思えてしまいます。

この通信制高校の例に限らず、私は私の言う「応援」が実るか実らないかの分かれ目は、この「出身校を誇りに思えるかどうか」にあるのではないかと思うのです。

相学出身を誇りに思ってくれた第1号生徒

じつは、この通信制高校のようなケースを聞けば聞くほど、私は、自分はなんという幸福者かと、わが校を選んでくれた生徒たちへの感謝の気持ちが溢れてきます。

わが校では幸いなことに、卒業生たちの多くが、「相学」出身者であることを隠そうとはせず、むしろ誇りに思ってくれているからです。

たとえば、受験の申し込みをしてくれた第1号の生徒は女子生徒でした。

彼女は、ある大学の付属高校の生徒で、1年間だけ通ったあとで、そこを飛び出して「相生学院」に入学してきました。周囲からのアドバイスではなく、自分で見つけて自分で転学することを決めたと言います。

私が見たところでは普通の高校生でしたが、本人は「すこしぐれていた」と言っています。ヒップホップダンスに夢中だったのですが、交通事故で足を怪我してダンスができなくなり、それ以来、高校へは行かなくなったようです。

最初に入学してくれた生徒ですから、私も彼女のことが可愛くて、一生懸命に「応援」しました。同時期にもう1人入学してくれた男子生徒も一緒に、旅行をしたこともありました。

最近になって、その彼女から「昔、お世話になったものです」という電話がかかってきました。職員一同、どんな「お世話」をしたのかなあと、冗談を言って笑い合っているところへ、彼女はやってきました。

開口一番、「昔すごくお世話になって幸せになっています」と言った彼女は、この学院を卒業後、看護大学へ入学しました。学力的には少々難しかったのですが、推薦文を書くなどして合格の後押しをしたのでした。

彼女は無事に看護師になり、勤め先の理学療法士と結婚し、子どももできて幸せに過ごしていることを、ご主人とお子さんを連れてわざわざ報告をしにきてくれたのです。ご主人からも、「妻からいろいろと聞いています」といううれしい言葉をいただきました。

彼女はさらに、私がいなかったら、こういう人生を歩むことはできていなかったと言ってくれました。

そして、こうも言いました。

「私は、希望どおりの道を歩むことができて、いい夫と子どもに恵まれました。でも、以前通っていた学校の友人たちの中には、私よりも勉強ができたり、真面目に生きていたりするのに、必ずしもいい人生を歩んでいるとは言えない人もいます。彼女たちからとても羨ましがられています」

今年の正月にも、相生市にある相生学院本校でのイベントに参加してくれ、その場で、自分のこうした経験を語ってくれました。

このうれしい言葉は、私にとって何よりの贈り物になりました。ここに、教育の理想的なあり方を見たような気がしたからです。

じつは、私は、それほど必死に彼女の面倒を見た覚えはありません。というのも、私は四六時中生徒のことばかり考えているわけではないのです。しかし、私の自然体のやりかたが、彼女の信頼を勝ち得る結果につながったのではないかと思っているのです。

卒業後まで頼られるのはうれしい「延長戦」

前項で紹介した彼女は、通信制の「相学」出身であることを隠さないばかりか、看護大学でも就職先でも、そのことを自慢し、宣伝してくれていたようです。そのおかげで、相生学院の生徒が看護大学に入学しやすくなりました。

彼女のような卒業生が多くいることが、期せずして相生学院の存在を世に知らせることになっているのでしょう。

そして、私にとってさらにうれしかったことがあります。それは、彼女が、「相学」への感謝を伝えるためだけではなく、私に相談事があって来てくれたことです。つまり、彼女は、在学中だけではなく卒業後まで、私を頼ってくれたのです。

相談の内容は、彼女の夫が、もうすこしランクを上げた仕事をしたいと思っていることと、彼女自身も、子どもを育てながら働きたいと思っているので、病院勤務ではない何かを見つけたいという2つでした。

彼女は、すでにお話ししたように足を怪我したのですが、その傷が完治していないので、看護師のような激務ではなく、身体的に負担のかからない仕事がしたくなったようです。お子さんはまだよちよち歩きの幼児、数年先のことを見据えたうえでの相談でした。

彼女に相談されて、私が考えていることは、障害者に対する支援事業です。そういう仕事であれば、看護師のように身体を酷使するのではなく、しかも看護師の資格を生かすことができます。

私は、じつは通信制の高校だけではなく、障害者を支援する事業にも携わっています。これは、障害者を募集して、手に職をつけて自立できるような訓練を行おうというもので、訓練生のお世話をするために、看護師資格を持っていることはまさに鬼に金棒といえるでしょう。

いずれにしても、こうして卒業後まで頼られるのは、それこそ教育者冥利につきることで、私は、在学中の「応援」の延長戦を戦っているような、うれしい気分を味わっています。

要望に柔軟に応じられてこそ「応援」になる

わが校の卒業生たちはなぜ、「相学」出身であることを自慢することができるのでしょうか。それはおそらく、私たちの建学の精神にあると思われます。私たちは通信制高校をマイナーなイメージで捉えていません。

つまり、全日制に行けない子どもたちの受け皿としての目的だけで、通信制を創ろうとしたのではないということです。

自分の夢をより実現できる場所を作りたい、というプラス思考を基本的な姿勢にして、通信制であればこその特徴を生かすことを考えてきました。まえに挙げた彼女の例にしても、看護大学に入るために相当の努力をしましたが、同時に、受験科目に絞って集中的に勉強をすることで、夢を果たすことができました。

通信制は、全日制に比べて、義務として登校しなければならない拘束時間が極端に短いので、自分の夢を実現するための時間をたっぷり取ることができます。

その時間は、登校してもしなくてもいい時間なので、登校させて将来を見据えた勉強を集中して教えることもできます。ですから、考えようによっては、はるかに可能性が高いとも言えるでしょう。

たとえば、子どものいる女子生徒から、将来、理学療法士の仕事につきたいと相談を受けたことがありました。そのためには、物理をもっと勉強する必要があるのですが、どうしたらいいでしょうという相談です。

もちろん、こうした受験指導は、いろいろな予備校が行っています。しかし、もし個人的に塾で勉強しようとすれば、かなりの費用がかかります。

こうした高額な費用を出すことができない生徒のために、相生学院では「ＥＧラーニング」というシステムで、コンピュータ教育の一環であるワード、エクセル、アクセス、パワーポイント、ビジネスマナーなどを、個人がパソコンを使っていつでもどこでも勉強できるようにしています。

さらに、大手教材メーカーの協力により９０００本の教育プログラムがネットにより自由に使えるような体制を整えています。

相談に来た彼女も、現在、このような体制をフル活用して目標に向かって勉強しています。

彼女は、レポート提出のために登校するときは、お子さんを連れてくることもあります。地域の大学とのミーティングが開催されたときも、彼女はお子さんと一緒に参加していました。幼いながらも、一生懸命勉強をしているお母さんの姿を見ることは、きっとこの子にもいい影響を与えるにちがいありません。

「教育」の本質は「応援」である

そういう意味で、私は、「教育」における「応援」の意味を、最近はとくに重要なものと考えるようになりました。

テニスに関して最重要な技術的な面では、荒井監督の素晴らしい指導力が何にも勝ります。それに加えて、さまざまな全国大会で優秀な結果をおさめているのは、私も含めた「応援力」の強さがあるからだと思っています。

とくに、私が応援に行った全国大会では、ほとんど負けないという結果を出しています。私も必死になって応援し、生徒たちも燃えて、実力以上のものを発揮して、全国選抜高校大会優勝、インターハイ優勝などという成果を、創部3年目から上げてきたのです。

テニス以外では、ボクシングも、兵庫県では常に勝ち、全国においても、国体・インターハイ・選抜の三冠王になっています。私も一生懸命応援して、東京オリンピックを目指せるような生徒も出てきています。

また、野球については、2014年の兵庫県大会の初参加では勝てませんでしたが、翌年はがんばってベスト16に入るような快挙を成し遂げました。さらに応援をしつづけて、将来全国大会に出場できるようなチームにしていきたいと思っています。

私が総監督を務めているサッカー部はあまり強くないのですが、最近、負け続けの状態から脱して、練習試合ではありますが、公立高校に勝つことができました。応援次第でどんどん強くなっていくであろうと期待しています。

私は、人はオールマイティである必要はないと思っています。一般的に「文武両道」という言葉もありますが、それができる人間は少数です。ですから、私は、これを「文武一道」という言葉に変えています。

学問であれ、スポーツであれ、何か1つ自分のやりたいことをひたすらやることです。そのことが、将来、他の道も含めた1つの大きな道に合流していくであろうと思うのです。一道を目指して頑張った人間は、底力を身に付けています。その力を以て励めば、「文武両道」を成し遂げる可能性大のはずだからです。

その結果、自分の夢を実現させることができるでしょう。というわけで、私は、

「文武一道」と「夢実現」を校訓として掲げています。

全国的にはもちろん、兵庫県下にも、すでに立派な高校が存在しています。そういう中で、私たちがあえてやるべきことは、そういう従来の教育体制にのっとった形ではなく、通信制の特徴を生かした教育です。

それによって、今まであまり成果が上がっていなかった子どもたちにいろいろなチャンスを与えることができると考えています。

通信教育は、ともすれば、顔の見えない教育になりがちです。そのマイナス面を補うには、教師や私と1対1の関係を築くことが必要です。そのために、全国に相生学院のサポート校を作って、子どもたちを応援する体制を整えていきたいと考えているのです。

子どもたちが今落ち込んでいるとか、過去がひどかったとかいうことは、子どもたちには何の関係もありません。今までは力が出ていなくても、これから先には子どもたち全員にチャンスがあります。

やる気になれるようなタイミングをつかめば、そしてその背中を私たちが押してやれば、ものすごい力を発揮してくれるのです。

スポーツでは、日本人で初めてジュニアデビスカップで優勝した生徒もいますし、ロンドン大学に留学する生徒もでてきています。あるいは、浪曲師になり頑張っている生徒もいます。

まえに挙げた「夢」スピーチコンテストでグランプリを取った生徒は、引きこもりを5年間やっていた子どもでした。その子が自分の能力を発見し、見違えるように変わって、自分自身でも驚いています。

ただし、これらのことすべては、私ではなく生徒たちが自分の力で成し遂げたことです。私にできることは、わずかな力ですが、全身全霊で、そういう子どもたちに力を与えるよう「応援」してやることです。

その「応援」によって、持てる力を発揮することができず、自分に否定的で、自己肯定力の低かった子どもたちが、見違えるように成長していき、心身ともに引きこもり状態から脱出していきます。

そんな彼らを見ていると、「教育」の本質とは、微力ながら私のやっている「応援」なのではないかという確信がどんどん固まってくるのです。

それが、逆に、生徒たちから力をもらったり、自分たちのやっていることを面白いと感じたりすることになり、私の生きがいになっています。

これからも、私たちと生徒たちが力を合わせて、立派に成長することで、地域に貢献できるようになればいいなと、私は考えているのです。

声をからした全身全霊の「応援」に意味がある

たとえば、プロ野球の世界において、阪神タイガースのファンの数は多く、巨人ファンと1、2を争っています。阪神ファンの特徴としては熱狂的な応援が有名です。

彼らは「トラキチ」とか呼ばれていて、その応援ぶりは熱狂的、直情的で、過激な言葉も飛び出します。あるいは、攻撃のとき、ヒッティングマーチを歌いながら、メガホンを叩いたり、7回の攻撃まえと勝利したときにジェット風船を上げたりすることも定番化しています。とはいえ、その様子は極めて陽気で明るいので、眉をひそめる人はすくないようです。

しかし、テニスの試合においては、こうした派手な応援は禁物です。テニスは、紳士のスポーツと言われていて、礼節を大事にするからです。

私は、最初にテニスの試合を応援しに行ったとき、そういうことを全然知りませんでした。とくに、最初のころは、部員も少なく実績もなかったので応援部隊はなく、行ったのは私と選手の親だけという寂しさでした。

そこで、私は、「やってまえ」と、阪神タイガースの応援なみの大きな声を張り上げて応援をしてしまいました。その結果、同席した親御さんに「すみません。もうすこしおとなしい応援をお願いします」とたしなめられてしまいました。その後は、私の応援はただ一言「ガンバレ！」しか言っていません。

私だけではなく、元校長の三上さんも、女子がインターハイに出場して決勝まで進出したとき、同じことをしました。元校長も、それまで応援に行ったことがなく、決勝と聞いて「よっしゃ！」とばかりに張り切ったのでしょう。

たとえば、彼は、ボールがラインぎりぎりに落ちたとき、「セーフ！」、「アウト！」とやってしまったのです。

彼の場合は、座席が審判員席のすぐ後ろだったので、「あまりそういう応援をされると、生徒に不利になりますよ」と叱られたのでした。それも、「すみません」と謝りつつ、また同じことをして2回もお叱りを蒙っていました。

しかし、こうした声をからした全身全霊の応援が、生徒の心に響かないはずがありません。２０１５年にキャプテンを務めた藤原夕貴さんは、「理事長の応援で勇気づけられ、最低でも1ゲームは取っている」と、私の死に物狂いの応援に感謝してくれました。

「優勝と2位では生と死の違いだ！」

毎年3月に「テニスの春のセンバツ」と言われる全国選抜高校テニス大会が、福岡県の博多の森テニス競技場で開催されます。個人戦と団体戦がありますが、団体戦は、シングルス3試合、ダブルス2試合が行われ、3試合に勝てば優勝というシステムです。

相生学院は、2010年に創部2年目にして初参加を果たし、快挙と驚かれました。それだけでなく、2回戦から参加した団体男子が2戦勝ち進み、準々決勝で湘南工科大附属に敗れましたがベスト8、シングルスでは3位に入りました。

その年は、「テニスの夏の甲子園」、全国高校総合体育大会（インターハイ）でもベスト8どまりでしたが、翌2011年の選抜では、なんと一気に決勝戦まで進み、前年の優勝校で、しかも前年苦杯をなめた因縁の湘南工科大附属と対戦、3-0のストレートで下して初優勝を手にしました。

何度も言いますが、これが相生学院の実質的な全国デビューでした。選手も関係者も大いに意気が揚がって、以後の躍進を信じたのですが、同年夏のインターハイでは準々決勝で京都の東山高校に敗れ、2012年春の選抜連覇に望みをつなぎました。

3年連続出場のこの選抜では、まずインターハイで負けた東山高校、大分舞鶴にともに3-1で勝ち、準々決勝で、3度目の対戦の湘南工科大附属を4-1で下すなど、順調に勝ち進みました。

準決勝では東京の古豪・大成高校との対戦になり、シングルスを2つ敗退したものの、ダブルス2つを勝って盛り返し、最後のシングルスで1年の加藤隆聖《りゅうせい》が、接戦を制して勝利をもぎ取り、決勝に進みました。

この決勝の相手が、選抜大会の地元校・柳川高校でした。松岡修造氏ら有名選手を輩出し、私たちが長い間、憧れてきたテニス名門校です。相手にとって不足なしとばかり、選手たちは奮闘したのですが、シングルス2人がともに0-2、ダブルスは1-2で負け、1セット取っただけの0-3の完敗でした。

たしかに柳川高校は、この年の参加校の中でも33回出場を誇る強豪で、優勝回数もすでに16回を数えていました。まだ3回出場1回優勝に過ぎない当校と柳川では、相撲で言えば十両と横綱くらいの違いがあったでしょう。

そんな相手と戦えるまでになった、準優勝までよく戦ったと、選手たちは前年の優勝に勝る称賛の声に包まれていました。確かに選手たちはよく戦いました。

しかし私は、目の前で優勝校が胴上げをしているのを見ながら、準優勝を喜んでいる生徒たちに言いたいことがありました。彼らが強豪・柳川を相手に準優勝できたことを、「よくやった、よくやった」と、あまりにも無邪気に喜んでいたからです。

私は激しく怒ったふりをしてこう言いました。

「君ら、準優勝、よくやったと喜んどるけど、それ喜べることと違うやろ。優勝と準優勝では順位が1つ違うだけやない。もっと決定的に違うんや。大体、君たちが生まれてここに存在するんは、父親の何億の精子のたった1つが勝って受精したからや。けど、この1つ以外は全部死んでしまうんや。

テニスもこれと同じや。優勝以外は受精しなかったと一緒。死んだんと同じ。優勝と2位以下は生と死の違いなんや。絶対喜んでなんかおられへん。生きるには優勝するしかない。死ぬ気でやるとかよく言いよるけど、それより大事なんは生きる気や。優勝せな生きられん、何としても生きる気でやらなあかんのや！」

私の激怒に、最初はあっけにとられたような顔をしていた選手たちも、終わりには大きく頷き、涙ぐみながら「わかりました。やります。生きるために優勝します」と決意してくれたようでした。

そして、5カ月後に迎えた新潟県魚沼市でのインターハイで、選手たちは試合まえに円陣を組んだとき、地面を踏み鳴らしながら、「俺たちは優勝するために来た！　優勝以外はない！」と雄たけびを上げました。

勝ち進んで決勝戦になったとき、相手はまたもや柳川高校でした。選抜の雪辱を果たすには願ってもない舞台を与えられ、選手たちは今こそ私の必死の訴えを叶えようと頑張ってくれたように思えました。

結果はシングルスで1敗しましたが、ダブルスとシングルスで2勝し、2-1で宿敵・柳川を初めて倒しました。そしてそれがインターハイでの初優勝だったのです。

「へその緒が結ばれたような応援」が選手に伝わった

柳川との戦いでは、さらに「応援」に関わって記憶に残る試合があります。第35回選抜（平成25年、2013年）の団体戦決勝です。

選抜では今述べたように前年、柳川に決勝で負け、後、インターハイでは決勝戦で雪辱を遂げていますが、この年の選抜決勝でまた柳川と当たりました。応援席のわれわれの両サイドは、柳川高校を応援する人々ばかりでした。

しかし、この年の選抜全国大会は絶好調でした。初戦から1ゲームも落とさず、名古屋高に5-0、長崎の海星高、愛知の名経大市邨高、浜松市立高にいずれも3-0と、すべてストレートで勝ち決勝に進んでいました。

ところがさすが柳川戦ではこうはいきませんでした。柳川も初戦からストレート勝ちを続け、準決勝の3-1を除く3戦すべて負けなしでした。

その両者による決勝は非常にもつれて、最初のシングルスは勝ったのですが次のダブルスで負け、2番目のシングルスが勝ったのに、2番目のダブルスが負けて2-2となり、勝負は3番目のシングルス、つまりシングルス3にかかっていました。

しかも2番目のシングルスは2-1で勝ち、2番目のダブルスは1-2で負けるという接戦の後で、このシングルス3が前年の大成高校戦と同じ加藤隆聖でした。ここで加藤が勝てば優勝、負ければ準優勝です。

シングルス3というのは、非常に難しい立ち位置で、もし順調に3勝していれば出番はありません。もちろん、相手に3試合取られてしまったときも出番はありません。2-2になって初めて出場することになり、しかも試合の行方はシングルス3で決まるのです。

加藤もこの大会では、初戦の5組総当たりの1ゲーム勝負のときだけは出て6-0で勝っていましたが、あとの4戦まではいずれも3-0で勝負が決まってしまったため、5組目の加藤には出番がありませんでした。

ですから、5戦目の決勝に間をおいて出てきたこの「隆聖」に賭ける気持ちは膨らみました。応援する私と彼は、まるでへその緒で結ばれた関係のような気がしてきました。それほどの一体感を持った応援だったのです。

「リュウセイ！　頑張れえ！」と、くり返し声を枯らす私に、〝燃える男リュウセイ〟は大きく頷きました。そしてみごと相手を圧倒し、2-0で勝って、優勝をもたらしてくれました。

それは、この選抜の地元で初めて柳川高校に勝った一瞬でもありました。

会場を埋めた柳川高校との応援合戦で、私は戦った選手以上に体力を使い果たしてしまいました。実感としては、1時間半の試合を自分が戦ったようで、全身が痛くなりました。

一昨年（2016年）の夏は、島根県松江でインターハイがあり、男子の団体とダブルスで優勝しました。丸2日応援し続けて、さらに残る監督たちの慰労会をして帰宅したのですが、夜中の1時になっていました。

その後、お盆の間中、気管支炎になって体調を崩してしまいました。

夏の試合の場合、生徒たちが炎天下で戦っているのに、私が日陰にいるわけにはいきません。会場はすり鉢状になっていますから、上からの直射日光と地面からの照り返しで体力の消耗も激しいのですが、それが励みになればと頑張ってしまったのです。

同時進行のいくつかのゲームを見て回り、負けているゲームを応援するので、余計に大声を出すことになり、声がしゃがれて好きなカラオケを歌えなくなります。

なにしろ相手は全日制の有名校であることが多く、多勢に無勢のうえ、全員声をそろえて大声で応援しますので、負けるわけにはいきません。

応援は、試合中の選手へのアドバイスになるような言葉は、言ってはいけないという決まりがあります。私は一言「頑張れー!」「頑張れ」です。

柳川高校といえば、亡くなった古賀通生《みちたか》前理事長はテニス界のドンと言われ、じつに威厳がありました。古賀先生がお出ましになると、多くの強豪たちも、その前ではどうしても勝つことができないとさえ言われました。

位負けというのでしょうか、まさに、関ヶ原の戦いにおける石田三成と徳川家康のような気がしたものです。しかも、古賀氏の息子さんで現理事長の古賀賢氏もよくできた人で、平成29年の選抜アベック優勝のときには、ライバルであるわが校に次のような祝電を送ってくれました。

――第39回全国選抜高校テニス大会アベック優勝おめでとうございます。毎日の弛まぬ努力があってのことでしょう。心から祝福いたします。今回の快挙を励みとされて、さらに技を磨かれ、飛躍されますようお祈りしています。

学校法人柳商学園　柳川高校　理事長・校長　古賀賢――

まさに名門・柳川高校は、ダテに名門になったのではないということでしょう。

これは、私にとって優勝した喜びとともに、とてもうれしい思い出になりました。

そして、この原稿を書いている最中に応援に行った、今年（平成30年）の選抜では、男子は惜しくも準決勝で敗れ、アベック2連覇の新記録は達成できませんでしたが、女子はみごと2連覇し、期待に応えてくれました。

ただ、そこに至る道のりは険しく、準々決勝、準決勝とも3-2の苦しい戦いでした。とくにシングルス1の伊藤さつきは不調で、本来ならチームを引っ張る役のはずが、反対に足を引っ張っていました。準々決勝、準決勝でも負け、決勝でも1セットを2-6で取られた後、2セット目もリードされかけていました。

しかし私が、ここぞとばかり必死に「ガンバレ！」と応援すると、私の精神エネルギーが伝わったのか、急に調子を取り戻し、不思議なくらいポイントを取ります。その結果、逆転勝利しました。この勝利で勢いがついて、あとのシングルス2とダブルス2も勝利をおさめ、栄冠をものにしたのでした。

横で見ていた大崎コーチも驚きましたが、あとで伊藤のお母さんからも、「先生の応援で力が出るようです」と言われ、本人もそう言って喜んでくれました。じつはこのとき伊藤は、腰が痛くて万全ではなかったのです。

精神的なアドバイスと体調管理

私の応援は、もしかしたら自己満足に過ぎないのかもしれませんし、監督も私の応援のおかげで勝ちましたとは言いません。しかし、卒業式などで生徒たちが次々と挨拶に立ち、私が応援する声がよく聞こえたとか、おかげで勝ちましたなどと言ってくれるその言葉が、逆に私への最高の応援になり、大きな励みになっています。

たしかに、私は技術的なことはよくわからないので、強くなるためのアドバイスをすることはできません。それでも、私なりのアドバイスを生徒はよく聞いてくれます。

たとえば、テニス部のエースで2018年3月に卒業した菊地裕太という生徒がいます。彼はじつは、ここ2~3年のわが校テニス部活躍の中心的存在で、アマもプロも参加するUSオープンに選ばれたという強い選手ですが、うるさがらず謙虚に、私の言葉に耳を傾けてくれました。

それがうれしくて、調子に乗ってしまうこともしばしばです。アドバイスと言っても、

「君は身体が小さい、USオープンに出る選手の中には、2メートル近い選手やサーブが速い選手もいる。そういう選手に勝とうと思ったら、ちょこまか動いて返しをすることが大事だ。

それから、すごく速いサーブを毎回返すことができなかったら、がっかりしてしまい、気がめいってしまうだろう。でもそんなんでがっくりしていてどうするんだ」

「勝負は、技術・体力より精神エネルギーの差で決まる」

「不調のときこそポーカーフェイスで戦え」

「精神エネルギーを強くせよ」

そんな言葉をかけることしかできないのですが、「はい、わかりました」と言われてうれしくなる私なのです。

また、いくつかの大会でチャンピオンになり、後にアメリカ留学もした大島立暉《りき》も、強い選手ですが、猛烈なラリーが5回も6回も続くと、7回目でミスをしてしまいます。

相手は必死にくらいついてきていて打ち返すことしかできていないのですが、大島が決めてやれと思って思い切り打った球が大きくはずれてしまうわけです。つまり、体力的にも技術的にも劣っている相手が、大島の自滅で勝ってしまうのです。

大島は喜怒哀楽が激しくて、失敗したとたん、ラケットを投げるなどして、相手にがっくりしていることをさとらせてしまいます。そのとたん、相手は「しめしめ」と勝利を確信するでしょう。

勝てるはずの試合にしばしば負けるのは、こうした精神的なもろさを克服できないからです。そこで私は、これまでがけっぷちを歩んできて、そこから立ち直ってきた私の生きざまをすこしは参考にしたらどうかと思う一心で、

「いつも甘いんだよ。しぶとさが足らん。俺の弟子なんだからしぶとくなれ。ミスしたときは、それを表情に出すな。調子が悪いときは、調子がいいふりをしろ」と叱咤激励するのが常です。「余裕しゃくしゃくでいけ」などと言うこともあります。そういう意味で、テニスの試合は、頭脳戦の要素が大きいとも言えます。

技術を教えられない私にできる「応援」は、このように精神的なアドバイスをすることですが、さらにもう1つできることがあります。それは、肝心なときに十分実力を発揮するための体調管理です。

たとえば、毎年開催される夏の大会は、勝ち進むと、1日に3試合も4試合も続くことがありますから体力勝負になります。たくさん練習して鍛えているはずの生徒が、足のけいれんやひきつけを起こしたり、熱中症になったりすることもあります。救急車で運ばれることも珍しくありません。

そこで、体力維持のために次のようなことを推奨しています。

＊味噌や納豆などの発酵食品でスタミナをつけておく。（昨年のインターハイで大会

会場のある福島の異常な暑さを指摘された発酵学の権威・小泉武夫先生に教えていただいたことです）

＊カルシウムやナトリウム不足を補うために、試合の前に、「赤穂の天塩」のような天然の塩を摂取する。（人類は海から誕生した生物だから、体の中の海の成分が欠如すると体調を崩すという私の持論に基づいています）

ただし、こうして、万全の準備をして、絶対的に強い、絶対に勝てるという態勢を整えていても、勝てるとは限らないのがスポーツの世界です。

たとえば、2011年に青森で行われたインターハイに参戦したとき、応援するつもりで行っていた木野教頭が、十和田湖の「乙女の像」を見に行きたいと言い出しました。まず勝利はまちがいないからと、その日はすぐに応援に行かなかったのです。すると試合は、その間に負けていました。そういうこともあるのです。

青森は涼しいと思っていましたが、昼間はとても暑くて、中心選手が熱中症になり、足がけいれんして動けなくなったための敗戦でした。

この年は、春の選抜で前年優勝の湘南工科大附属高校を3－0で下して初の全国制覇を果たしていたので、当然優勝すべく遠征したのに、この有り様でした。

ボクシングで2013年の選抜、2013年のインターハイで優勝し、団体戦の3連覇にも貢献した山内祐季も、いつも私の応援を待っていてくれました。私の大声での応援が、勝つためのジンクスのようになっていたのかもしれません。

かわいい生徒の甘えを許すのも「応援」のうち

私は、相生学院を立ち上げてから、サッカー部の総監督を務めています。とはいえ、私にはサッカーの経験はあまりなくて、中学高校ですこしかじり、大学の体育の授業で選択した程度、テニスと同じように技術的なことは教えられない総監督です。

最初は、人数が少なくて試合に出場できる状態ではありませんでした。11人の選手で戦うスポーツだというのに、こちらは部員が7人しか集まらなかったのです。

それでも無謀にも出場し、17−0で負けたこともあります。相手はフルメンバーをそろえているうえに、どんどんメンバーチェンジをします。負けて当然でしたが、棄権をしなかったのは、卒業を控えた生徒たちが、どうしても出たいと言ったからです。

私たちは、その後も試合には出場し続け、同じような体験を何度もしました。試合に車で連れて行くのは、いつも私の役割です。そのために、私は2週間、自動車教習所に通って中型の運転免許を取りました。10人以下しか乗せられない普通免許では、彼らを連れて行くことができないからです。

部員も次第に増え、11人まではそろえることができるようにはなりましたが、ぎりぎりの人数で、交代要員を用意することはできません。

ですから、1人が怪我をして、1人がレッドカードになり、結局9人で戦ったこともあります。このときは、前半0−0で頑張っていたのに、1人減ったことが原因で、4点取られて負けてしまいました。

とはいえ、相手は強豪校でしたから、善戦したと言えるでしょう。このときのメンバーは、サッカーの強い大学へ進学しています。今も、決して強いとはいえないのですが、弱くてもいいから試合に出ようと言って部員を集め、今は15人に増えました。

というわけで、今一つというか、もうすこしの頑張りが必要なサッカー部ですが、なぜかこの総監督は彼らに気に入られています。けれど、彼らには総監督というより、「理事長」のほうがなじめるらしく、私が試合に遅れていくと、「理事長ーっ」などと叫んで手を振り、「勝ったら焼肉ごちそうして」などと言ってきます。

「わかった、わかった」と返事をし、負けてもごちそうしてしまう私も私なのですが、そうした甘えを許すことも大事かなと思っているところです。

しかし、残念ながら、甘えが過ぎる生徒がいることもたしかです。たとえば、ある生徒は、自転車を盗まれたと訴えてきました。借りていた自転車なので返さなければならず、私に3万円貸してほしいと言うので貸しました。

また、あるときは、夜の10時半ごろ「理事長、助けてえ！」という電話がかかってきました。悪い人につかまって、えらいことになっていると言います。どんなことになっているのか心配してかけつけましたが、どうやら、私を呼び出してごちそうしてもらいたかったようです。

生徒たちの親まで呼び出されることになって、大変な思いをしたのですが、私は、「これも彼らが自分を慕っている証拠」と考え、彼らを見捨てることができないでいます。

サッカーにしても勉強にしても、その能力を上げてやるためには、理屈ではなく、体で伝わるものがこちらになければなりません。「応援」とは頭でするものでなく、体でするものだとつくづく思います。

たしかに、生徒の能力にばらつきは多いと言えます。ですから、能力差がある生徒のすべてが満足するための工夫を、あれこれとしなければならないのです。

「応援」のしかたにその学校の質が表れる

概してテニス部員にはエリートが多いようです。彼らは、テニスが強くなるために、たっぷり時間の取れるわが校を選んで入学しますので、お金のかかる特進コースを選ぶ子どもが多いのです。

ですから、国立の香川大学附属中学や名門・関西学院中等部から入学する生徒も多くいます。彼らは、相生学院でテニスをやりたいために入学するので、相生学院を卒業してからまた関西学院大学などに戻って行きます。

彼らは、関東に遠征して、早稲田大学や慶應義塾大学など関東の大学生と互角に戦って帰ってくることもしばしばです。また、現役の相生学院生が、卒業生のいる大学へ行って先輩に勝ってしまうこともあります。

兵庫県で2017年に開催された「第6回三木谷杯兵庫県テニス代表チーム対抗戦」という大学・高校入り交じる戦いに、男女とも大学生相手に優勝し、「三木谷杯」を授与されました。決勝戦の相手は、男子は近畿大学、女子は関西学院大学でした。

「三木谷杯」とは、兵庫県テニス協会が考案したシステムに、「楽天」創業者の三木谷浩史氏が賛同して提供したものです。

また、初めて兵庫県から全国の選抜大会に出場したときのことです。そのときは同じ兵庫県勢として関西学院（関学）高等部も出場していました。わが校は勝ち進んでベスト8になっていましたが、関学は3回戦で負けていました。

普通は、負けたチームは会場を引き揚げるものです。ところが、勝って準々決勝まで進んだわが校を応援するために、私が会場に入ると、同じ制服を着た子どもたちが整列しています。私は、てっきり、今日の試合相手の学校の生徒たちが、応援のために集まってきているのだと思いました。

ところが、彼らの声援を聞いて私はびっくりしてしまいました。なんと、彼らは関西学院大学高等部の生徒たちであり、「アイガク頑張れ！」と「カンガク」を「アイガク」に言い換えてわが校を応援してくれていたのです。

私は、その姿を見て「ありがとう！　ありがとう！」と、涙が溢れるのを止められませんでした。そして「さすが関学や！　ほかとは違う！」と感動し、この学校が大好きになりました。頭もいい、テニスもうまい、そうした子どもたちだからこそ、競争相手である他校を応援しようという余裕が生まれるのでしょう。

このことは、わが校の生徒にも大きな影響を与え、彼らは多くのことを学んだにちがいありません。

出場選手と応援選手がフェンス越しに輪を組む連帯

わが校の「応援」に関して、1つ自慢できることがあります。

それは、『テニスマガジン』という雑誌にも、大きく写真入りで紹介されたことですが、出場選手と応援選手の一体感です。インターハイの時期に『テニスマガジン』が紹介したのは、相生学院テニス部の試合まえの円陣の写真でした。

相生学院では、試合を始めるまえに、みんなで円陣を組むのですが、選手だけで組むのではありません。応援席で応援してくれる生徒も、試合で活躍する選手も、みんな一緒に手をつないで、頑張る気持ちを1つに統一します。

このときばかりは、出場選手も応援部員も関係ありません。「相生学院に勝利を!」という強い思いでフェンス越しに輪を組めば、目には見えない強い連帯感が生まれる

応援席と選手が手をつなぐ円陣の連帯で優勝(2018年選抜女子団体)

のです。

いつも相生学院がやっていると、他の学校も真似をしはじめ、最近ではどこの学校もやるようになりました。何でもないことのように見えるかもしれませんが、こういうところに「応援」の持つ意味の大きさが表れると私は思っています。

野球部の〝健闘〟に地元から熱い「応援」

◆野球部のスタートとボランティア活動

こうしたテニス部の順調な成長の一方で、私は開校のときの宣言で「灘校＋ＰＬ学園」を目指すと言ったように、強豪野球部への夢を実現するチャンスをうかがっていました。するとここにも、おあつらえ向きの「応援情報」が入ってきたのです。

それは、加古川市から北30キロほどのところにある兵庫県多可郡多可町加美区に、かつて日本で初めての野球専門学校「学校法人アスピア学園　関西野球専門学校」があり、１９９８年に開校されたものの、実績を上げられないまま廃校になって、跡地の土地建物がそのまま使われないでいるという情報でした。

そこで早速、多可町に申し入れを行ってこの施設を借り受け、相生学院高校多可校として硬式野球に特化したスポーツ特進コースを設けることにしました。

２０１３年5月には兵庫県では初めて、通信制で高等学校野球連盟への加盟が承認されました。全国では通信制の加盟校は10校目になるそうです。４月の創部以来、21

人の1年生が野球部員として活動を始めました。

夏の県大会後、公式・練習試合すべてで32試合を戦い、22勝7敗3分けとなかなかの成績を収めました。

これも地元の人たちの温かい応援があればこそと思い、地域へのボランティア活動を始めました。学校周辺の環境整備として、校舎やグランド周辺から国道沿いにカンやビンを拾い集めたのですが、90リットルの袋にいっぱいになるほどでした。最初の年は2回でしたが、その後も折を見つけて継続しています。

きちんと学習活動の一環として地域の美化を考え、事前にボランティアのあり方について皆で考えた後、多可校周辺のゴミ拾いを行い、最後にそれぞれの体験をレポートにまとめることで、新たな気づきや学びにしていこうとしています。

◆坐禅や防災訓練など、野球だけでない勉強や体験

冬季のシーズンオフを中心に、野球以外のさまざまな体験も大事にしています。

たとえば、ときどき行うトレーナーさんの講義では、野球部員の身体のケアばかり

でなく、精神的な面でもケアしてもらっています。

トレーニングは何のためにやるのか、と質問を投げ掛け、野球が上手くなるには頭脳を使え、と勉強の大切さも同時に教えてもらいます。部員は、普段の学科授業では見られないような真剣さで熱心に聞いていました。

また、別の日には、北はりま消防本部の消防士にお世話になり、避難訓練・防災講話を実施し、火災時の避難方法や消火器の使い方を学びました。地域交流の一環として、地域の方にも10名ほど参加していただきました。

ひょうご地域防災サポート隊の方に講師になっていただき、毛布と竹で担架を作って、人を運ぶ方法などを教えていただきました。講話は、丹波市の豪雨災害被害の写真などを見せながら、1時間余り防災に対する知識や心構えを話してくださいました。

冬季のトレーニングは体力・筋力・持久力・精神力を高めることを目標にメニューを組んでいます。雪が降ったりして、天候の悪い日が多く、室内練習場で打撃練習をしたりして、バットスイングのスピードアップに努めている選手もいます。

正月明けの学科授業では、後期試験のまえまでは、漢字練習やパソコン学習をし、試験1週間まえには試験対策講座を計画しています。

また、毎年初めには特別活動として、明石の岩屋神社での「掃き初め・書き初め」に参加します。そこで主将が、「みんなと力を合わせて甲子園を目指したいと思います」と力強く祈願します。

多可町加美区門村の浄居禅寺《じょうごぜんじ》（臨済宗妙心寺派）において、野球部員が坐禅の修行をするのも恒例になりました。

住職のご説明・坐り方のご指導の後、坐禅を組み黙想の境地に入りました。時折聞こえる小鳥のさえずり、ストーブの音がかえって静寂を際立たせます。畳の下から上がってくる冷気にじっと耐え、無言で手を組み趺坐《ふざ》する姿は修行僧のようでもあります。

野球と勉強に明け暮れる部員にとって、こうして静かに坐って身と心を調えることは、自分を見つめ、自分を取り戻すいい機会になったことと思います。最後に熱いお茶と落雁をいただきました。

一日一度は、たとえ3分でも5分でもいいから坐って瞑想する時間を持ちたいものだと話しながら、寺を後にしました。

坐禅は1回だけでなく、この年の3月26日に行った第2回の坐禅の様子が、神戸新聞に取り上げられました（2015年3月30日付）。

――【多可町】野球部員が座禅に挑戦

相生市に本校を置く通信制の相生学院高校多可校（多可町加美区豊部）の野球部員29人が3月26日、加美区門村の臨済宗浄居寺（宇田宗壽住職）で座禅に挑戦した。多可校は2年前にでき、硬式野球に特化して取り組んでいる。

相生学院高はスポーツに力を入れ、サッカー、テニスの強豪校としても知られる。野球も昨年秋の県大会ではベスト16に残った。

野球部を指導する木俣正男部長は「地域と触れ合うことを目指し、ランニングコースのごみ拾いや、地元のお寺の協力で座禅にも取り組ませてもらっている」と話した。

座禅は2回目で、部員たちは本堂で約40分、張り詰めた空気の中、足を組み、静かに目を閉じ続けた。座禅で内面も鍛えやがて始まる春季大会に挑む。

（わが町リポーター・笹原 浩）──

◆挫折しかかった生徒に復活のチャンスを与える

こうした特別活動のほか、時には部員の激励会を行い、焼肉パーティをやったりもします。保護者の皆様、生徒、教職員、参加者合わせて100人以上が集まります。そして次の大会で勝ち進むことを皆で誓うのです。

こうした当校の野球部の活動に注目した朝日新聞が、2015年7月3日のスポーツ面「高校野球100年──白球新時代　中退　再起　そして成長」という記事で、本校に転入してきた生徒のことを紹介してくれました。

──野球部を辞めずに3年間続ける。日本高校野球連盟の調査では、今年度の継続率は89・7％。史上最高を12年連続で更新した。一昔前に比べ、理不尽な上下関係などは少なくなっている。それでも、約1割は「環境に合わない」などの理由で退部。中には学校を辞めてしまう場合もある。

そんな生徒を救う環境が増えている。通信制高校もその一つだ。兵庫県中部の多可町に2年前に誕生した相生学院多可校。二塁手の溝橋（3年）は京都府内の強豪校に推薦入学したが、すぐに退学。相生学院を知って転入した。

授業は週5日。寮に住み、校舎から徒歩圏内の専用球場と室内練習場で野球に打ち込む。部員は40人。同じように転校してきた仲間も3人いる。溝橋は「ここに来てなかったら、学校も行かずにしょうもないことをしていたかも。最後の夏、力を出し切りたい」。

再出発する選手を、同校の吉崎校長は見守る。

「過去はいいから、ここでやり直してほしい。どんな事情があったとしても、高校生活を棒に振るのはもったいないですから」——

◆新聞の投書欄に載った市民からの応援

こうした周囲の応援を受け、2015年7月18日、高砂球場で行われた第97回全国高校野球選手権兵庫大会で相生学院は初勝利を上げました。前年は同大会に初出場したのですが勝てなかったので、この喜びはひとしおです。

この日は、過去のテニスの応援でもなかったほど大勢の応援団が集まりました。生徒父母、教職員や相生学院のファンの方々約200名が必死で応援をしました。

つづく7月21日の2回戦。前半は熱戦をしていたのですが、後半で突き放され、3−9で小野高校に敗れました。部員一丸となって頑張りましたが、力を出し切れませんでした。

3年生は、いろいろなことがありましたが、この2年半よく耐えて頑張ってきました。試合に直接出られなくても裏方に回り、選手のマネージメント・サポートで頑張ってくれた部員もいます。これらの経験を生かして、3年生には次のステージで頑張ってもらうように言いました。そして、1、2年生は8月15日から始まる秋季大会に向け、翌日からすぐ練習を始めました。

この実際にスタートした翌日からの練習が、ある市民の目に留まりました。

神戸新聞の投書欄（2015年7月31日）に「高校球児たちの心優しい行動」とし

て載った記事です。

多可町在住の62歳の自営業の方が、ご自分も若いころ野球をしていたので、毎日歩道を走る当校野球部員に、車の中からエールを送ってくれていたそうです。

そして7月21日の3回戦の敗戦の翌日、小雨の中、車を走らせていると、部員が、走っている姿が見えました。以下、投書からの引用です。

――前を見ると、対向車線に大型トラックが止まっていました。「何かな」と見ると、小犬が国道に迷い込んでうろうろしていました。部員4、5人が、止まっている車に頭を下げながら、小犬を捕まえようとしていました。

高校生が小犬の小さな命を一生懸命守ろうとしている姿を見た時、何か心が洗われる気持ちになりました。車を止めたドライバーの中には、急いでいた方もあったと思いますが、見守っていただき感謝です。地元のファンとして、これからの活躍を応援しています。がんばれ。――

ていると思います。

◆監督交代など試練を経てさらなる成長を

まさにこうした地元からの応援、支えによって相生学院のあらゆる活動は成り立っていると思います。

公式戦に本格参入して2年目の2015年の戦績は、練習試合・公式戦すべてで53戦を戦い、31勝20敗2引き分けという結果になりました。

以来、今日まで3年余りの間に、野球部はさらなる飛躍を求めて、さまざまな試みを行ってきました。その中で生徒たちの心身の成長は顕著なものがあり、座禅を行った浄居寺の住職には、「生徒たちの顔つきがよくなった」と褒められました。

地域とのつながりもさらに強くなり、恒例になっている学校周辺の清掃活動のほか、秋の村祭りでは地域の集落からお誘いを受け、「カラオケ大会」に参加しました。みんなノリノリで歌ったようで、初の試みに地域の方々も大変喜んでくださいました。

もちろん、私の「目指せ！　甲子園」のスローガンはさらに強調され、チームの強化という第一課題を果たすための思い切った試みにも踏み切りました。

2016年から1年間、北海道の北照高校の野球部監督を35年間務めた河上敬也氏を、新監督に招請したのもその1つです。

河上氏ならではの人脈や指導理論に基づいて、部員たちはさらなる研鑽を積み、前年より大幅に増やした実戦経験で88試合を戦いました。結果は、48勝33敗7引き分け、勝率5割9分で、まだまだこれからというところですが、確実に成長しているようです。

ちなみに、この年の野球部卒業生の進路は次のようになっています。

NOMOベースボールクラブ、滋賀ユナイテッドベースボールクラブ、ラーメン店「塩元帥」、株式会社深谷組（実業団野球）、岡山商科大学、大阪電気通信大学、大阪学院大学、東亜大学、大阪産業大学、神戸学院大学、九州共立大学、京都学園大学、大原簿記専門学校、ハーベスト医療福祉専門学校、AST関西医科専門学校

2017年4月からは、前年の河上監督の後を受けて、新潟アルビレックス・ベースボール・クラブからコーチとして来てもらっていた西森大士さんを新監督に迎え、4月中旬からの練習試合も25勝4敗1引き分けと好成績を残しました。

そして、前年初勝利を上げた夏の甲子園を目指す全国高等学校野球選手権兵庫大会では、7月16日、明石城西高校に13‐1の大差で7回コールド勝ちを収めました。しかし、次の武庫荘総合高校には1‐3で敗れました。

あとは、秋季播淡地区大会ですが、8月18日松陽高校と対戦し、3‐5で敗れてしまいました。この後、敗者復活戦があったのですが、ここでも小野工業高校に2‐3で負けてしまい、このシーズンの主たる大会は終わりました。

西森監督は、「練習不足と精神的なもろさが露呈した感じです。敗軍の将兵を語らず。この秋冬には、基礎から鍛えなおし、心技体の充実を目指します」と決意を新たにしていました。

年が明け、新たに、摂南大学監督の貝塚茂夫氏が新監督として来てくれました。西森監督はコーチとして指導をしてくれています。新たなチャレンジとして、雪の中、野球部が駅伝に参加しました。多可町駅伝競走大会というイベントで、結果は2位に食い込みました。

新たな経験としては、野球部メンバーが日本赤十字社のキャンペーンで献血をしたことが挙げられます。
3月1日の神戸新聞に、日本赤十字社・兵庫県赤十字血液センターが行った「みんなでいっしょに Teens献血!」――16歳からできる〝命のボランティア活動〟あなたの血液で、救われる命があります――というキャンペーンに応じた部員の声が紹介されていました。

SSくん（投手）「自分の血液で人の為になれたと思うと嬉しいです」
KYくん（投手）「献血をしたことを今後の人生に活かしていきたい」
NSくん（捕手）「針が太くて怖かったしチクッとした。でも今後も献血します」
TSくん（捕手）「痛いのは最初だけ。患者さんのために協力してください」
HYくん（内野手）「僕の血液で人の命が救われるとうれしい」
KYくん（内野手）「人を助けると考えることができ良い経験になった」
HSくん（内野手）「楽しかったです」
KRくん（内野手）「初めて献血した。ジュース等ももらえた。ぜったいした方が良い」

ＩＫくん（外野手）「こんな自分でも人助けができた」

が良い」

ＹＫくん（外野手）「僕の血液で命が救えるなら今後も貢献したい」

ＭＴくん（外野手）「献血は怖いイメージがあったが実際は大丈夫。みなさんもぜひ」

この率直な感想を見ても、彼らが大変いい経験をしているのがわかります。

野球に夢と情熱を燃やしながら、こうして世のため人のためになっていくこと、社会との関わりを持っていくことが、彼らの将来の大きな財産となっていくと信じます。

第3章

相生学院を作った私の原点

会社経営が学校での子育てに生かせる強み

第2章でお話ししたように、私は富士コンピュータというIT関連会社で社員にIT技術を教えるうちに、いっそIT技術を教える学校を作ったらどうかと考え、社会で即戦力になる人材を養う情報技術学院（UDIT）を作りました。

その流れで、どうせならもっと若い年齢からIT技術だけでない、世の中の求めるものを学ぶことができ、しかも引きこもりとか不登校などの過去にとらわれない自由な学びの形態をと考え、通信制の相生学院高等学校を作りました。

その意味では、私の教育に関する構想の原点には、つねに会社のこと、とくに会社における人材育成のありかたがあります。会社における人材育成とは、端的に言えば仕事にすぐ役立つ教育です。

会社というのは本来的に実利的なものですから、会社に原点を持つ教育も実利的なものです。ですから、誤解を恐れずに言えば、相生学院の教育は実利的なものであり、すぐに役立たないもの、効果の出ないものは教育ではないと考えています。

ＩＴ技術のように実社会での即戦力になるものから、スポーツや勉学でも実効の上がる学び方、たとえば全国レベルの結果を出して、プロへの道や有名大学合格に役立つ学び方こそ、生徒の将来を「応援」することになると思うからです。

子どもの将来を「応援」するためには、ただ漫然と遊びのような高校生活や大学生活を送らせるのではなく、昔の言葉で言えば「手に職を付ける」、つまり現代社会を生き抜ける確実な技術や知識を身に付けさせることこそが、「教育」だと思うのです。

そう考えると、私が会社経営の中で苦労してきた役立つ人材育成の経験が、そのまま相生学院に生かせることになり、事実その結果が出てきているのです。

相生学院が、多少なりとも他校と違う実績を上げつつあるとするなら、その理由の1つには、私がこうして会社経営に原点のある「実利ある教育」を目指していることが、学校での子育てや教育全般において強みになっているからだと思います。

実利や経営と言っても、もちろん学校経営は金銭的利益だけでは推し量れないものがあります。現在の相生学院も、営利を追求する企業としてはけっして優等生ではありません。経営の損益計算書など数字のみで考えれば、事業として成功しているとは言えないでしょう。富士コンピュータは、「利益のみ重視せず、義のあるビジネス」をやっています。

しかし、なぜそうまでして学校運営にこだわるのか、と言えば、それは奉仕的精神などのきれいごとだけではないのです。直接的な利益でなくても、投資しただけのリターンが、富士コンピュータのほうにあるだろうという計算もありました。

たとえば、わが社の開発したe-ラーニングのソフトを学校に納入してインターネットを使った教育をしていますし、卒業してから富士コンピュータに入社しようという人材も出ています。

相生学院で学び、前述の情報技術学院（ＵＤＩＴ）や、その後、２０１５年に明石市に開校した森学園ＩＣＴ専門学校で学んで、富士コンピュータに入社した人材はけっこういます。専門学校では、机の上の勉強というよりは、実践的な技術を教えています。

教師も、大学教授がいる一方で、自分でソフト会社をやっていたとか、現役で実践してきたとかという人が多いのです。

つまり、赤字を出してまで人を育てる「応援」が、のちにきちんと実を結んで、会社に還元され、利益を生み出してくれるであろうと考えているのです。

保健室登校の子も「応援」しだいで会社の戦力になる

相生学院の生徒には、元々は保健室登校の子どももいます。保健室登校の子どもとは、仲間のいる教室には行けないけれど、教室とは別世界の養護教諭が控えている保健室ならば行けるという子どものことを言います。

彼らは、時に、保健室で1日過ごして帰宅します。そうした彼らが、私たちの「応援」によって大変な戦力に育ち、私たちとともに働いているのです。

こうした結果が出ているところを見ると、彼らはけっして、勉強が苦手で保健室登校や不登校になっているのではありません。もともと頭はいいし、人間的にも優れています。おそらく、誰よりも、人の心がわかるだけの豊かさを持っていると言えるでしょう。

ですから、「鬼部長」などと呼ばれる厳しい上司のいる私の会社に入社しても、その厳しさに耐える力を持ち、大きな戦力になっています。普通の学校を卒業して入ってきた若者が、すぐに辞めてしまって続かないのに、彼らが耐えられるのはどうしてでしょうか。

それは、上司がけっしていじめで厳しくしているのではなく、自分のことを考えてくれているからだと、理解できるだけの心の豊かさを持っているからです。私は、自慢ではありませんが、今問題になっている「パワハラ上司」などは、わが社にはいないという自負があるのです。

このように、社会的に大きな戦力になりうる子どもたちがなぜ、保健室登校や不登校になってしまうのか。それは、もともと弱い子ではなかったのに、どこかでボタンのかけ違いが起きて、心を閉ざしてしまったからでしょう。

それが、相生学院や情報技術学院、ＩＣＴ専門学校などで、私たちと接することで心が通じ合い、これまでの弱さを取り返すように、骨太のたくましさを身に付けていったのです。小・中学校やほかの高校で挫折してしまったその挫折感が、修復されて強くなったということです。

さらにいえば、相生学院や専門学校で学んだことが自信につながったということと同時に、実際に会社にはいって社会人になってから学んだことが大きかったのです。これは、「オン・ザ・ジョブ・トレーニング」と呼ばれ、教師というよりは、仕事の先輩や体験から教えられることのほうが大きいのではないでしょうか。

ちなみにＵＤＩＴとは、University for Developing Information Technologists の

頭文字を採ったもので、世界的な学園にしたかったので、この名をつけました。

さらに、「YOU，DO IT（自分でやりなさい）」という意味も込めています。この言葉をあちら風に発音すると「ユーディット」と聞こえるところがミソになっていて、我ながらいい命名だと思っているところです。

いずれにしても、私にとって、相生学院や専門学校の運営は、会社経営を学校での子育てに生かすことができ、相乗作用を生み出し、金銭的な利益以上の益をもたらしているのです。

私の人生を「応援」してくれた先祖の話

人は誰しも、出自や育ち方に影響を受けて社会人になっていくものです。私にしてもその例外ではなく、周囲の影響を受けて、今日の私になっています。

今にして思うと、幼少のころから伝え聞いた自分の出自やルーツというものが、自分の成長や生き方に影響を与えていたようです。直接的には父からの影響ですが、その後ろに、祖父や何代にもわたる祖先たちの存在を感じます。

言ってみれば、そうした祖先たちの話も、私が人生や仕事の難局に立ち向かう際の大きな励ましになり、「応援」になっていたと言えます。

兵庫県川西市には、多田神社という広大な神社があります。これは、酒呑童子の討伐で有名な源頼光ゆかりの神社で、源氏発祥の地と言われています。私は「清和源氏同族会」の一員です。というのは、美作《みまさか》（現岡山県美作市）の大名の家柄である森家は、清和源氏の出であると言われているからです。私たちは、年に1回集まって親睦を深め、時代祭も催しています。

私の父・森義明が、そうした代々の伝えをまとめた「森義明一統系譜」という巻物によると、一族は、平安時代後期、源義家の息子で清和源氏対馬守二郎義親《つしまのかみじろうよしちか》という人が、森家の初代である森伊豆守八郎光治を名乗ったのが始まりとされています。

八代の森帯刀光守《たてわきみつもり》のお墓が現存し、戒名が「大久院殿管正森光大居士」と刻まれています。数年まえに、その450回忌をやりました。

父が受け継いだ古武術・竹内流に学ぶ

私の曽祖父は、戦国時代から伝わるという武術・竹内《たけのうち》流の免許皆伝でした。父は、幼いころから柔術を習い、津山中学時代は全国レベルの柔道選手でした。中学3年生のときに、海軍飛行予科練習生として軍隊に入りました。

したがって、父は非常に格闘に強い人で、たとえば、カミナリ族と呼ばれたバイクの一連隊に襲われたときも1人で立ち向かい、それこそ、ちぎっては投げちぎっては投げと打ち倒したという武勇伝もあります。

父が学んだ竹内流は、歴史考証上最古の柔術の流派と言われ、捕手術、羽手、小具足、捕縄術、棒術、剣術、居合、十手、薙刀、刀落しの術など多岐にわたる術を今に伝えています。

講道館柔道の創始者・嘉納治五郎も影響を受けたと言われています。もっとも、多くの竹内流の技は、柔道ではなく武術ですから、講道館では禁止されています。嘉納治五郎は、竹内流に工夫を重ねたのでしょう。

たとえば、受身にしても、柔道では畳をバアーンと叩き、衝撃を分散させて横たわります。ところが、竹内流の受身は、猫のようにくるっと回って立ち上がります。投げる場合も、両袖を持って絞り上げ、受身ができないような形にして叩きつけるのです。

森家では、竹内流が代々伝わっていて、父は祖父から学びました。私も、森家のしきたりにしたがって父から学び、かなりの術を身に付け、暴漢に襲われても負けないだけの自信があります。しかし、残念ながら免許皆伝とは行きませんが……。

今も覚えているのは「刀落しの術」です。これは相手の持っている刀を払い落とす術で、一種の護身術です。

現実には、こうした先祖伝来の武術を使うことはなくても、いざというときの用意があるという点で、どんな行動を取るにしても守られている、応援されているという心強さがあったように思います。

「特攻」で生き残った父の胆力

そんな父は、生来武家魂を持っていたのか、津山中学を中退して予科練に志願しました。太平洋戦争の台湾沖航空戦で、ゼロ戦特攻し、攻撃されないように水面すれすれに飛んでいったのですが敵弾に当たり、海に落ちて2日間漂流してのち、特設運送船「護国丸」に救助されたそうです。

父はいったん病院で入院生活を送りますが、その後また戦線に復帰し、千島列島の択捉島で震洋というモーターボートに爆弾を積み込んだ特攻船の訓練をしていたところ終戦を迎えました。そして、1機しかない水上艇で福島県の小名浜に帰着しました。いわば、特攻隊の生き残りとしての戦後生活が始まったことになります。

終戦間もないころにも、父らしい武勇伝があります。

父は戦後、兵庫県加古郡播磨町の製鉄化学に勤めておりました。硫酸課におりましたが、厳しい指導者だったようで、下請業者に日ごろから「なまいきだ」と思われており、一度痛めつけてやろうと狙われていたようです。

あるとき、2人の組員から鉤のついた棒で襲われたことがありました。父は、それをバンと腕で受け止めて、2人をコンクリートの床に叩きつけてしまったのです。咄嗟の場合だったので、手加減ができなかったようです。これをタネに、組の親分が補償を求めて訪ねてきました。

このときも父は、まったく後に引かなかったそうですが、そこには国のために特攻に出て死線をさまよった人間ならではの胆力があったからだと思います。

先祖に恥じない生き方をしたいという想い

前にお話ししたような祖先の来歴を踏まえて、わが一族の本家の屋号は「落城屋敷」と言います。父の家は分家なので、「紺屋」という屋号を名乗りました。

私の祖父・熊一は明治生まれですが、学問好きだったと見えて、当時としては珍しく早稲田大学の夜学に通っていました。祖父は、村一番の「イケメン」だったそうで、近郷の素封家の家に生まれた祖母は、家を一軒持参で嫁入りしたそうです。

父は戦後、明石で警察官として交番勤務をしていました。そのとき暴徒に襲撃され拳銃を発砲して対処したそうです。同僚は足に銃弾を受け2階級特進しましたが、父は暴徒を射殺してしまい、別の拘置所に左遷されていやになり、警察を退職しました。

その後、前述の化学工場に移りました。当時の住まいは、加古川市の木造の市営住宅でした。

父はまた、オートバイが好きで、その値段は中古車でも、当時としては超高価の7万円だったそうです。それは、近くに売りに出ていた砂山と同じ価格でした。今は、家が5、6軒ほど建っている500坪の土地です。

500坪の不動産を買うか、オートバイを買うか、その選択を迫られた父は、オートバイを買ってしまったのです。身体も丈夫で働き者だった父は、オートバイが欲しくて一生懸命お金を貯めたのでしょう。

その後、オイルショックで父は会社を退職しました。

そのころは、私もすでにシステムエンジニア、システムセールスエンジニアとして活躍していましたが、退職しました。そこで父と2人で富士コンピュータ販売という会社を設立しました。

そんな父と会社を始めたわけですが、最初に社長を務めたのは父でした。私が社長に就任したのは、長男が生まれたときです。昔かたぎの父が、「生まれてくる子も、専務の息子として生まれるよりも、社長の息子として生まれるほうがよかろう」と言い出したことがきっかけです。

父は、生きている間にお墓を造り、戒名ももらっていました。院殿と大居士がつく立派な戒名です。死後の始末をきちんとしておく見上げた父親でした。

父には、ルーツにふさわしい武家魂があったのかもしれません。私はこの父から、根性とか優しさとか粘り強さなどを教えられたような気がしています。

こうして、自分のルーツを知ったこと、そのルーツの末裔である父親の生き方を知ったことは、私にとって大きな発奮材料になりました。

武士道というほど大げさなものではありませんが、少なくとも、ご先祖さまに申しわけが立たないような生き方をしてはならないと固く自分を戒めています。

卑怯な手段で儲けることは考えないこと、「武士は食わねど高楊枝」という言葉どおり、卑しい振る舞いはしないことなどなどを自分に課しています。

「損して得とれ」という言葉があります。この言葉は、じつは「得とれ」ではなく「徳とれ」だと聞いたことがあります。損をしてでも、一生懸命やっていれば認められていい仕事が回ってくるという意味だそうです。私も、そうありたいと願い、一生懸命やってきました。

これまでの人生もさまざまな「応援」のおかげだった

私は、自分の「応援力」を信じて、多くの子どもたちと付き合ってきました。しかし、これまでの人生を振り返ってみると、今述べたことを含め、私自身、多くの「応援」のおかげで育ってきたことに気づかされます。

私は、昭和26年（1951）1月1日、加古川で生まれ、父・義明と母・明子の

「明」を足す（和する）という意味で「和明」と名づけられました。小学校時代は優等生でした。

その後、浜の宮中学、加古川東高校を経て大阪電気通信大学工学部電子機械工学科に入り、卒業後、大阪市立大学大学院に進みましたが、妹を大学に進学させるために大学院を辞めて、昭和49年（１９７４）、富士通に入社しました。

その後、昭和54年（１９７９）８月、父が失業したこともあって、起業を決意し、「富士コンピュータ販売」を設立しました。設立時、富士通の上司から、「一生懸命働けば餓死することはない」という「応援」の言葉をいただいています。

また、このときの資本金２００万円は、父の退職金を充てさせてもらいました。自分の持ち金はわずか７万円でしたが、設立後２週間で父から借りた２００万円を返金しました。

父からは、こうした金銭的な応援だけではなく、その武道免許皆伝の腕っぷしで応援してもらったこともあります。それは、50台ほどのパソコンを騙し取られたときのことでした。被害額は１５００万円相当だったと思います。

東京にその詐欺集団の社長がいるというので、遠路、父と2人で取り返しに行ったところ、社長は不在でした。家を教えろと迫る私たちの迫力に怖気づいた番頭格の社員は、「必ず会わせるから1週間待ってくれ」と言います。

そして、指定された日、日本橋にあった詐欺集団の事務所に行きました。すると、180センチ以上もある大柄で頭に大きな傷跡のある、いかにもヤクザという男が出てきました。

こわもての彼と父のやり取りは次のようなものでした。

「そんなものは払えない」

「わしらは、だてに播州から来たんじゃない」

と父が啖呵を切ると、相手は「播州」を「満州」と聞き違えて、

「え！　満州から来たんですか？」

「何を言う！　播州と満州の区別もつかんのか！」

この大声にひるんだ相手はさらに、父が背広とワイシャツを脱いで、はずしたネクタイをロープのように握ると、首を絞められるとでも思ったのか、「わっ、わかりま

した」と言って小切手を切って渡しました。

しかし、父は、「あんたらの小切手なんか信用するか」と、小切手を破り、「そんなものじゃない！　現物で返せ！」と、また大声です。結局相手は出庫伝票を切りました。私たちは、宅配業者を連れて倉庫へ乗り込み取り返すことができました。

父は武術の腕を発揮したわけではないのですが、それが根底にあるからこそ、ヤクザに恐れず立ち向かい、相手もその迫力に屈したのでした。

その他、新入社員第1号の高橋君は、私が家庭教師をしていたときの教え子でしたが、私を信頼し、ついてきてくれました。彼もまた応援者の1人なのです。

また、事業には浮き沈みがつきもので、スタートはうまく行きましたが、3年後、ソフト開発に失敗し大ピンチに陥りました。それは、靴下メーカーのオンラインシステム開発でしたが、「死んで謝れ」と言われるほど叱られました。

半年の時間をもらい、受注したシステムより素晴らしいシステムを開発して評価されました。

後に、加古川水産株式会社にもプログラムがうまく完成せず大変迷惑をかけました。

しかし、社長は、「今や富士コンピュータが、うちの会社を支えてくれている」と言ってくれました。

また、友人の福田君から受注した米穀店システムは大変うまくできて、NHKにも取り上げられました。米穀販売やブティック店のコンピュータソフト開発で成功したのです。その後、米穀販売管理システムのパッケージソフト「こしひかり」は、全国200店に納入・指導し、米穀店の収益向上に貢献できました。

などなどのことを思い出すたびに、私は、「人は1人で生きることはできないものであり、お互いに支えあい応援しあってこそ生きて行けるのだ」ということをしみじみと実感するのです。

会社の創業にも使った親父手作りの勉強机

「富士コンピュータ」を創業したとき、私は自宅の2階、私の勉強部屋に会社を構えました。言ってみれば、高校時代まで使っていた木の机1つで出発したのです。

その机は、小学校に入学したとき、大変器用だった父が作ってくれたものです。自分で製材所へ行って、ラワンの材料を買って削って作ってくれました。

40年前に父が手作りしてくれた木製机。父の魂がこもっているようで、今も使っている

ずいぶん昔の話ですから、にかわでくっつけたところがはがれてきて、隙間ができています。しかし、12年前に死去した父や、3年前に死去した母のことを考えると、どうしても捨てる気になれず、今も私の部屋に置いてあります。

友人の協力で生まれたヒット

まえの項で触れたように、友人からの受注で作ったのは、米の販売管理ソフト「こしひかり」です。これは、昔のように、枡で量ることがなくなったために、米櫃の中にどれだけ残っているかが、わからなくなっている状態に着目し作成した、きめの細かいシステムです。

たとえば、客単位で、米の消費量の見当をつけることができれば、無駄な御用聞きをしたり、なくなりそうであることに気づかず他店に客を取られたりすることがなくなります。このソフトは、そうした管理を可能にするもので、「米びつ管理」と「販売管理」「顧客の管理」「米の搗精《とうせい》（米つき）管理」の統合システムを作りました。

これがヒットし、全国で200本ほど売れました。高い評価を受け、全農（全国農業協同組合連合会）の関係会社からも取り扱いたいという依頼を受けたことがよかったのでしょう。

あるいは、まえの項でお話ししたブティック経営のソフトも成功したものの1つです。

世の中はバブル景気の真っ最中、人々は、高価なメーカー品を買いあさっていました。中には、1年に1億円もの買い物をする客さえいました。

私が作ったのは、在庫管理をするものでした。管理の仕方には「グロス管理」と「単品管理」の2つがあります。それを「単品管理」1本にしました。同じものでも、1着ずつ違うものとして番号をつけることで管理するシステムにしたのです。

このように、きめ細かく管理すると、売れ行きのいいものと悪いもの、あるいは、同じ品が何回転しているかなどが一目瞭然になります。

また、万引きして、それを返品に来るという犯罪防止も可能になります。なぜならば、返品に来た商品のナンバーを調べれば、それが店に置いてあるはずの品物だったことがわかるからです。従業員の横流しなども防止できます。

さらに、顧客が購入した品物がわかります。その客が来たときに、「このまえお買い上げいただいたジャケットの着心地はいかがでしたか?」などと声をかければ、客は「覚えていてくれた」と思い、また来ようという気持ちになるでしょう。

そのようなお客の心をつかむソフトを作り、大変好評を得ました。

単なる思い付きも「行き当たりバッチリ」にする

仕事を通じてこうしたさまざまな人間模様が見えてきたのも、1つには私の開けっぴろげな生き方と関係があるかもしれません。

ある意味では無防備、ある意味では寛容、もっと言えば太っ腹とも言える私の生き方のせいで、会う人々がほとんど、フレンドリーになってくれます。

この一見、無頓着ともいえる生き方は、人間に対するものだけでなく、仕事や趣味に関しても言えるようです。私は、思いついたことがあると、後先考えずにすぐにスタートを切るところがあります。すなわち「石橋を叩いて渡る」のではなく、「渡りながら考える」人間です。

しかし、行き当たりバッタリでやってこられたのは、おそらく、社員や友人や家族など、応援してくれる人に恵まれているからなのでしょう。

相生学院の開校式に来てくださり、パーティなどにも参加してくださる兵庫10区の衆院議員で、以前、文部科学大臣を務められた渡海紀三朗さんに、次のように言われたことがあります。

「森君というのは、いつも大風呂敷を広げて、できそうもないことを言っているけれど、何年か経つと、それをだんだんに本物にしていくねえ。昔は、単なるほら吹きだと思っていたけれど、このごろはちょっと見方を変えたよ」

褒められたのか、けなされたのか、どちらかはわかりませんが、褒め言葉としてありがたく受け止めようと思っています。

また、恩師である福田隆夫元大阪電気通信大学理事長からも同じようなことを言われました。情報技術学院の開校式に出席していただいたとき、私のことを「粘り強く打たれ強い男」であり、何があっても持ちこたえると評価していただきました。

そして生徒たちに、「この学校で、コンピュータを学ぶよりも、理事長のそういうところを学ぶべきだ」と言ってくださったのです。

自分では、それほどの強心臓の持主ではなく、それこそ、可愛いバンビちゃんなみだと思っているのですが、時にはじけて「行き当たりバッタリ」的にことを決めてしまうのです。

このあたりは、やはりご先祖の血が騒いで、太鼓が鳴ったら「いざ鎌倉」と立ち上がってしまうのかもしれません。

後年、同窓会の席で親友から、「森君は、けっして〝行き当たりバッタリ〟じゃなくて、〝行き当たりバッチリ〟よ！」と言われて面映ゆいながらうれしく感じたことがあります。

市営住宅で生まれ、貧しい家庭に育った私の姿を見ていて、そんな私が、新聞などにしばしば名前が出るまでになったことを知って、そう言ってくれたのでしょう。

私としては、思ったようになっていないことばかりで、「行き当たりバッチリ」と言われるほどの成功はしていないのですが、周囲からはそう見えるのでしょうか。

通信制高校・相生学院のスタートも、一見、「行き当たりバッタリ」の面がないではなかったかもしれません。

しかし、その下地には自分のルーツに対してプライドや、会社経営の経験があり、それらさまざまなことの「応援」で、結果として「行き当たりバッチリ」になってきている、いやもっともっとそうしなくてはと、改めて気持ちを引き締めています。

第4章

通信制は
生徒の将来を見据えた
教育システム

「通信制なのに」なのか「通信制だから」なのか

相生学院は通信制の高校ですから、第2章で紹介したように、まず通信による勉強と定期的に登校するスクーリングで成り立つ「通信コース」があります。

そして当校ではこの「通信コース」のほかに、通信によらず登校による授業や、スポーツのトレーニングに励んだりするための「特進コース」があります。

相生学院では、学習校ごとに、さまざまなコースが開かれていて、各分野で生徒が多くの活躍をしています。

たとえば、三田校で開講している「特進コース」の紹介をしてみましょう。

三田校では、進学コース・個別対応コース・スポーツコース（ゴルフ）・情報処理コースの4種類を設けていますが、進学コースとスポーツコースを例に挙げてみます。

就職や進学、夢を追いかけるのもいいですし、道はいろいろあります。

その中で進学の道を選んだ生徒が受験に向けて知識を習得するために受講するコースが「進学コース」です。相生学院が提携している予備校や塾で学ぶので、受験勉強のプロにサポートしてもらいながら、安心して勉強に励むことができます。

スポーツコースは、テニス・ボクシング・サッカー・硬式野球など、その道に思いっきり打ち込むことができますから、将来、プロやスポーツインストラクターになりたいという方も、実績を上げることで夢に近づくことができます。

2018年現在、テニスでは7人（男子5人、女子2人）、サッカーでは1人、ボクシングでも4人のプロが、相生学院から誕生しています。

通信制の長所を最大限に生かした特別カリキュラムが、未来の選択の幅を広げてくれます。

スポーツは勝ち負けを競うものです。しかし、結果よりも華麗なプレーに魅了される人も少なくありません。社会に出たとき、結果にこだわるより、熱意をもった華麗なプレー（仕事）ができるように、高校時代にしっかり学ぶことで、健全な身体と精神を養うことを目指します。

スポーツコースは、文武一道を基本におき、それぞれ個々の特性を生かし、「夢の実現」を果たすべく取り組むとともに、自己実現を成し遂げることを目標にしたまったく新しい形の、特色ある教育システムなのです。

高等学校卒業に必要な単位は通信教育で習得するものの、実際の教育システムは全日制と同様に毎日制服で登校し、授業にて勉学に励みます。

とくに、グローバル時代に適用したカリキュラムを考え、英語授業を週10単位、OA（コンピューター・情報）授業を週3単位加えた合計週26単位での授業となっています。

とくに部活動においては、各種目、卓越した指導経歴を持つ指導者が、個々の「夢実現」のためのサポートを行います。

もちろん、テニスの錦織圭選手、ゴルフの石川遼選手のような、プロ選手を目指すことも、一流大学進学を目指すことも、生徒の努力、取り組み方次第では可能なプログラムになっています。

多様化する進学環境は通信制にプラス

◆目的に合った授業がすぐに受けられる

繰り返して言うように、私が払拭したいのは、通信制がマイナーな学校だという誤ったイメージです。世の中も、教育の方法も手段も大きく変わろうとしています。勉強の仕方は昔とは大きく変わっていっていることに気付くべきです。

今や、通信制だからこそ、特徴ある教育ができるのです。普通の全日制の学校に行くよりも、自分の夢が実現できるのは、圧倒的に通信制だと自信を持って言えます。なぜなら、全日制は生徒の義務として学校に拘束されている時間が非常に多く、通信制と比べると拘束時間は何倍にもなります。

つまり通信制のほうが、自分のやりたい勉強を、スポーツを十分にやる時間があって、オンデマンドでいつでもどこでも、日本のトップレベルの先生の授業が受けられるということです。

◆なくてはならないe-ラーニング

以前の大学受験のための予備校というのは、いわゆる塾で講師と生徒が向き合って、講師が黒板に一生懸命板書して……、という光景が普通だったと思います。

今はまったく違うのです。勉強机がそれぞれブースになっていて、個々がパソコン画面を見ながら、ヘッドホンで聞きながら、自分の受けたい授業をチョイスして受けるというのが普通なのです。

その上、東進のフランチャイズやトライなどの予備校では年収1億円とささやかれるような、優秀で有名な教師が授業を行います。授業はもちろん撮影録画してあるものですから、自分がわからなかったら、巻き戻して何度でも理解するまで見ることができます。

その塾と同等の授業が9000本用意されていて、インターネット上でスマホやパソコン、タブレットを使って受けられるのです。

言葉はよくないですが、レベルの低い、生徒にとってわかりにくい先生の説明を聞くよりも、そちらのほうがはるかにいいと言わざるを得ません。

今、現役高校生が志望大学に合格するために通う現役予備校というのもあるほど、予備校ビジネスは大繁盛しています。

当校にも、もちろん各教科の専門の先生方はいます。しかし、生徒がたまたまその授業に来られないときもあります。アルバイトがあったり、試合の日だったりと理由はそれぞれですが、そのセーフティネットとしても利用できます。

たとえば、物理の授業で、1時間目は電気、2時間目が力学、3時間目が量子力学などというときに休んでしまうと大きな打撃ですが、そんなときに、オンデマンドのe-ラーニングを受ければ問題解決です。

いい大学に行けるというのも、e-ラーニングなどをうまく併用しているからでしょう。

もはや、インターネットを利用した勉強というものは、なくてはならないものになっています。相生学院では、生徒の夢を叶えるためにも、e-ラーニングを上手に取り入れることにしているのです。

◆効果のあるものはどんどん取り入れる

e-ラーニングは個人で所有して自宅で勉強することも可能です。でも、プロとして高いお金を取るのは当然でしょうから、人気の高い先生の講義をチョイスすると、相当な金額がかかることになりますし、反対に、安く出ているソフトはあまり品質がよくないと言えます。

私の息子の例で言うと、科目だけでも、数Ⅰ、Ⅱ、Ⅲ、英語が文法とリーディング、その超級、上級、中級となり、理科においても化学Ⅰ、Ⅱ、物理Ⅰ、Ⅱなどなど、1つおおよそ8万円しますから、全部足すと180万円くらいかかります。

そこを塾が値引きして150万円ほどを先に振り込みました。これは1年間の費用です。当然ですが、国公立を目指して科目をたくさん取れば取るほど支払い金額は大きくなります。

昔、ラジオで受験講座を聞くというのも当時はありましたが、今はそんなことではなかなか合格できません。お金をかけて勉強し、やっと合格できる確率が高まるので、受験ビジネスが華やかになっているのです。

結果、現役予備校などという学習塾に見られるような手法が発達していれば、高校のスタイルが通信制であろうが、全日制であろうが、差がなくなって、むしろ、通信制のほうが自由がきく分、有利というわけです。

以前、私が兵庫県立加古川北高校のＰＴＡ会長をしていたとき、ＰＴＡがお金を出すということで、東進と契約を結び、生徒の希望があれば、土曜日にe-ラーニングの授業を受けられるようにしたのです。その後、随分と成績向上の効果が出たので、そのときから、私はe-ラーニングをどんどん取り入れることにしました。

効果があることがわかれば、私は取り入れることに躊躇しません。e-ラーニングで他にも、マイクロソフトのワード、エクセル、アクセスなどを扱うオフィス スペシャリストの資格を全部合格した生徒もいます。

ですから、相生学院の学生は全員、教材費に含まれるe-ラーニングを受けられるアカウントを持っています。東進やトライはその場所まで行かなければなりませんが、自宅でも学校でも、自分のアカウントでログインさえすれば見聞きできますから、本人のやる気次第でどこででも資格取得の学習ができるというわけです。

たとえば、マクドナルドでスマホを使って、たとえ15分でも学習できるのです。

◆通信制は時代の変化に適応していける

相生学院のテニス部の生徒は、1日6時間から8時間テニスの練習をしています。夏休みも休むことなく、364日練習しています。たとえ話ですが、その8時間テニスの練習をするのをやめて、同じ集中力で全部勉強の時間に充てれば、全員東大に行けると私は思っています。

テニス部1期生の宇治君は、テニスの試合の空き時間に英語のテキストで勉強しており、テニスは仕事、勉強は趣味と言っていました。その後、同志社大学でテニス部のキャプテンをやり、野村證券に就職が決まりました。野村證券に就職すると聞いたとき、私は「そんな日本でも一番厳しいといわれている会社なんか、やめとけ。他にももっとあるやろ」と言いました。

すると、その生徒は「私はテニスで厳しいことに耐えてきたから、野村でもやっていけると思うのです」と言ったのです。

もちろん、この先どうなるかはわかりませんが、そういう考え方もあるかと、私も彼の決意に納得したのでした。

高校生というのは、人生の通過点の中でも、青春一番の真っ只中です。やりたいこともせずに、人間性をゆがめて、ただひたすら机に向かって勉強だけというのだけは押し付けたくない、いろんな情操教育をしてやりたいと思うわけです。

私の長男は、幼稚園くらいからボーイスカウトをやっていました。他の子が塾に通っているときも、ボーイスカウトを続けていました。それは押し付けではなく、自分の意思でやっていました。

しかし、夢を持って、目的を持って、一生懸命に頑張ったから自分の目指したものに到達できるとは限りません。むしろ、挫折している人のほうが多いのが世の中というものでしょう。それは昔から変わらないと思います。

それでも、時代は変わっています。時代が変わったからこそ、通信制の教育は見直されるべきで、むしろ、通信制だからこそ、時代の変化に適応していけるのだと私は自信を持っていえます。

人がやらなかったことをやるには違う勉強コース

全日制より通信制のほうが、子どもの自由な裁量にまかせてあらゆる選択ができます。でも、通信制がこれだけ現代にマッチした教育方法であるにもかかわらず、なかなか日本において受け入れられないのは、日本人の特質によるところが大きいのではないでしょうか。

日本人は、昔から長い間決められたかたちに収まり、それを繰り返すことが一番正しいというふうに思う民族ではないかと思います。

しかし、現代社会から未来にかけて想像力を働かせ、今まで人がやらなかったようなことをやっていき、それによって、今ある姿のビジネスを次世代に合った姿に変えていく——。このことを意識する若者を育てることこそ大切なことではないかと私は思います。

それには、小さな目標でもいいですから、自分たちの道はこうなんだということを、自分たちで決めていけばいいと思います。たとえば、有名な柳川高校に対してライバル意識を持つのもいいことです。ただし、目標を決めたら、そこよりもいい結果を出したほうがいいに決まっています。

上智大学に合格しながら、それをやめてイギリスのロンドン大学に行った生徒もいます。その生徒はテニス部でレギュラーになれないので、別の道として、自分は英語が好きだから、英語をもう1つの道として一生懸命勉強するといい、留学もしていないのに、持ち前の集中力で、1年くらいでTOEIC950点までいきました。

最近話題の少年将棋棋士の藤井聡太さんも、将棋を先生とマンツーマンで教えてもらうだけではなく、将棋のソフトを使って練習したといいます。

あらゆる対局体験を短い時間でたくさん練習していますから、大人の人よりもはるかに経験豊富というわけでしょう。

また、英会話なら、アメリカに行かなくてもフィリピン在住の先生と、ネットで自分の空いた時間に英会話の練習ができるようになっていて、実は私もちょっとやっています。フィリピンなら日本との時差もほとんどありませんし、わずか1000円、2000円の支払いでできます。

生きた英会話を学ぼうとすると、すぐにアメリカやカナダ、イギリスなどへ高い費用をかけて行こうとしますが、このようにネットなら安い費用で英語を話す人と会話ができますから、ＩＴというものをフルに活用すべきだと私は思います。

e-ラーニングと血の通った教え方のバランスが大事

現代において、ＩＴを取り入れない手はないと思う一方で、私は基本的に教育というものは、ネットのようなバーチャルだけではいい教育はできるものではなく、人間的な温かみのある教育が絶対に必要だと思っています。

現実に、全部をネットに頼って大成功している学校もあります。

しかし、相生学院は従来の泥臭い拠点を非常に重要視しています。それは、全国で30カ所、カナダを入れると31カ所になる「学習センター」を置いているということです。

教師がただ板書をして説明するのを生徒が聞くというような、知識を入れるためだけの教育であれば、eラーニングで受ける授業と同じであるばかりか、今や効率だけ考えるならeラーニングのほうが上です。

そうではなく、やはり人間というものは、どんなに効率よく学習することができたとしても、人間対人間の触れ合いというものを抜きにして、本当の意味での優れた人間になることはできないと思うのです。

機械ではなく、人間の先生との触れ合いによって得られる経験により、やる気が出たり、モチベーションが上がったり、逆になくなったりもするのです。

それは先生の対応によっていろいろな結果となって表れますが、効率ばかりを追いかけるのではなく、たとえ非効率のように見えても、生徒は先生と雑談したり、相談したり、あるいは騒いだりすることのほうが、人生において大きく影響すると断言できます。

それは私の経験からそう思うのです。数Ⅲの授業の話よりも、先生との雑談や相談のほうが、大人になっても忘れられないからです。

学習センターの東京校は人数が少ないのですが、それでも、先生を置いて、生徒と会話させることが大事だと思うからこそ、一見非効率でも維持したいのです。

沖縄に「ネットの高校」と呼ばれ、活躍している「N高等学校」という通信制高校があります。目指すとおり、N高校は〝空中戦〟で大成功しています。

私は勝手に、ネットを〝空中戦〟、相生学院が大切にする先生との触れ合いを〝地上戦〟と呼んでいます。

当学院では、今後、空中戦と地上戦の併用を充実させようと私は思っているのです。結局のところ、人間は機械でも、システムの部品でもありませんから、どこか人間の温かみのある学びでなければ、人間をよくすることはできないと思うからです。

多感な年代の生徒たちに、数学や化学や物理の授業では聞けない、ためになる話を聞かせてやろうと、入学式や卒業式、終業式などに意気込むのですが、先生方から、「森先生、5分程度の話にしてくださいね」とか、「もっと早く済ませてください」などと、私の長話をみんな嫌います。

ですから、特進コースや進学コースの生徒たちが3年生になると、毎週木曜日に1

時間ほど、私は「最先端情報」というテーマで講座を開いています。

授業内容は、ＩＴ、コンピューター、ロボット、ＡＩ（Artificial Intelligence ＝人工知能）などがメインではあるのですが、兵庫県に住んでいながら、播州赤穂の赤穂浪士について、30人の生徒のうち2、３人しか知らないというのが私にとっては、非常に残念であり、ショッキングなことなので、そういった話もします。

日本のもののあはれ、いとをかし、大和魂、そういうものをまったく知らずに大きくなって、テレビやネットの世界でアメリカ文明の真似をし、日本国籍を持ちながら、日本人のポリシーを持たない日本人がどんどん輩出されていくわけです。

大学に行っても、そういうことを教えてくれるわけではありません。自ら学ぼうとしなかった生徒もいけませんが、教えなかった我々教師に大いに責任があるのではないかと思います。

ですから、私は極力、「赤穂浪士」の話、「宮本武蔵と佐々木小次郎の巌流島の戦い」「トランプ米大統領の外交について」「小池百合子都知事の戦略」「佐藤優《まさる》氏の講演」「哲学の話」「自分の体験談」などなど、知っていて損はないのに、授業では教えてもらえない話を重点的に、私の独断で選んで聞かせています。

また、テニス部のとても小柄なキャプテンに対しては、「自分は体が小さいから負ける」などとけっして思うなと教えています。「力だけでは負けるとしても、五条大橋の牛若丸と弁慶の戦いや、宮本武蔵のいくつもの決闘のように頭を使えば、きっと勝てる」というように、勝利の陰には、必ず自分が勝てると思う作戦を立てる工夫があったのだと、強く言って聞かせます。

宮本武蔵は地元の代表的な歴史上の人物でもあり、私が作詞した応援歌の『相学魂』には、「武蔵の如く 勝ち進む」と武蔵を歌詞として入れてあります。

ですから、宮本武蔵の生い立ちから、宍戸梅軒との鎖鎌での戦い、宝蔵院流との戦い、度重なる吉岡一門との対決、佐々木小次郎との巌流島の戦い、どのように武蔵は勝つために戦ったのか――。それを生徒に力説しています。

相学魂

若き息吹《いぶき》の　アスリート
相学魂で　挑《いど》み立つ
艱難辛苦《かんなんしんく》を　糧《かて》にして
尊《たける》の如《ごと》く　突き進む
勝利の御旗《みはた》　摑《つか》むまで

強き血潮《ちしお》の　アスリート
相学魂で　奮《ふる》い立つ
艱難辛苦を　糧にして
義経《よしつね》の如く　突き進む
勝利の杯《さかずき》　上げるまで

作詞　森和明／作曲　並木真由子

魂燃やす　アスリート
相学魂で　勇《いさ》み立つ
艱難辛苦を　糧にして
武蔵《むさし》の如く　勝ち進む
常勝の名を　残すまで
常勝の名を　残すまで

通信制は就職に弱いという誤解は消えつつある

◆国家資格「施工管理技士」を取る建築コース

何度も言いますが、通信教育は進学に弱いという誤解があります。そのような通信教育の学校もあるかもしれません。しかし、相生学院は進学と就職に非常に強い学校であると自信を持っていえます。

なぜ、進学に強いかは先の章で述べましたが、就職の強さは「デュアル・システム」の具現によるところが大きいといえます。

デュアル・システムは、もともとドイツで始まった働きながら学ぶという職業訓練制度のことです。日本でも2004年度から厚生労働省と文部科学省が連携して、「日本版デュアルシステム」をスタートさせました。

ドイツのデュアル・システムは、マイスターの資格取得のために必要不可欠なものですが、日本にはマイスター制度がありません。ですから、就職に結びつくか否かというところが最大の目標となりますが、デュアル・システムはその道を開くものになるでしょう。

マイスター制度についても、すこし触れておきます。

ドイツの職人は、ほとんどの場合、見習いとして就職しながら職業学校に通うか、もしくは、ワルツといわれる放浪の修業の旅をします。

その目的は、専門知識や技術を習得することにあり、やがて、熟練工として試験を受け、さらにその後、技術の研修を積み、マイスター試験を受けるという、ドイツ独特の高等職業能力資格認定制度です。

日本でいえば、包丁一本板場の修業という厳しさに似たところがありますが、日本には制度というものがありません。

それどころか、日本には職人を軽視するような風潮がないとは言えないのではないでしょうか。せっかく子どもが「男子のなりたい職業第6位」（2018年1月15日産経ニュース）に大工を選んでも、親はあまりいい顔をしない傾向があります。

そのような風潮とともに、日本の建築の技術者が何百万人の単位で減少しているのです。もちろん他にも原因はあると思います。

それを救済したいという考えで、相生学院では、現場監督も可能な国家資格「施工管理技士」の取得を目指すコースを設けています。

担当主任教員として、兵庫県立東播工業高校の元校長で日本工科大学校の元学長でもあった内藤康男先生が指導されています。

◆日本は職人を見直すべき

施工管理技士のコースに来る生徒の理由の1つに、家が貧しくて高校に行けないという子がいます。

それで、月曜日は建築の座学をし、週4日、現場でインターン（実習生）をやることによって、1日6000円もらいます。1カ月で10万ちょっとになりますから、それを学費と自分の生活費に充てることができます。

インターンを受け入れてもらうためには、建築業界の協力が必要ですが、幸い加古川市には創業110年を超える歴史を持つ前川建設という素晴らしい建設会社があり、社長の前川容洋さんは京都大学の工学部で建築を学ばれ、明石工業専門学校でも非常勤講師をされていました。その前川さんが、私の構想を大変評価してくださり、業界にも働きかけてくださるなど、全面的にご協力いただいています。

最初、このコースに来る子たちは、身体は元気だけれど勉強がきらいということでしたが、自分が大工の棟梁になるんだ、社長になるんだ、という夢を持っています。

相生学院の建築コースの職人を目指す生徒は皆、礼儀正しく、就職先の建築会社からも、相生学院の建築コースの子は他の工業高校で建築を学んで来た生徒よりも非常にレベルが高いと評価されている例がいくつもあります。

近所の人にも、先生にも、上司にも、朝出会えば「おはようございます」という当たり前の挨拶が、最初はできなかった子が、「おはようございます」はもちろんのこと、「失礼します」「ありがとうございます」などと、その場に応じた挨拶と振る舞いができるようになって、仕事もきちんとこなしています。

高校生とはいえ、1日6000円のお金をもらっているということでプロ意識が芽生え、仕事に対する姿勢も違うのです。

建築組合が、工業高校や専門学校の建築コースを目指している生徒を集めて、夏合宿などを行い、新聞にも取り上げられたことがあります。建築組合でも、なんとか学校で優秀な人材を育ててほしいという気持ちの表れだと思います。

第5章

本気の「応援」には、さらに「応援」が集まる

「応援の本質は献身にあり」と教えてくれた新宅寛元事務長

◆大学の学生部で学生たちを応援してきた実績

こうして私のこれまでの「応援」が実ってきたのも、私自身がさまざまな「応援」によって支えられてきたからであることを、まえにも話しました。

不思議なことに、私が本気になって必死に生徒たちを「応援」しようとすると、そういう私を本気になって「応援」してくれる人が現れるのです。まさにこれは「温かい応援がさらに応援を呼ぶ」という現象です。

この章では、その典型ともいうべき5人を紹介することによって、この「応援の応援」の必要性、現実に「応援」が実るためには、その背景に何が大事か、といったことをお話ししようと思います。

まず、最初に挙げたいのが、相生学院の開校準備段階から、私の夢に共感してくれ、献身的に「応援」してくれた2人の人物、新宅寛《しんたくひろし》元事務長と木野《きの》康裕《やすひろ》教頭です。

新宅寛さんは、わが校に来てくれるまえ、私の母校・大阪電気通信大学学生部の次長として30年以上勤務していました。彼は現在71歳、私より4歳年上ですが、60歳で定年退職をしたとき、これからは好きなゴルフと旅行やお酒を楽しみ、悠々自適の生活をするつもりでいたようです。

しかし、大学の同窓会などの世話役をやってくれる彼と親しくなっていた私は、人柄もよく人望もある彼がこのまま引退するのは、大げさかもしれませんが、社会の損失ではないかと思いました。

そこで、彼に「もう一花咲かせませんか」という申し出をしたのです。彼も、私の「不登校や引きこもりに悩む若者に教育を受ける場を与えたい。お金儲けだけではない事業に参加したい」という私の思いに応えてくれました。「一肌脱ぎましょう」という返事をもらうことができたのです。

私が、彼にこうした依頼をしたのは、学生部の職員を長く務めたその姿勢にほれ込んでいたからです。いつも、学生の立場でものごとを考えていた彼は、同窓会の会員たちにさまざまな提言をしてきました。

たとえば、学生の中には、経済的な事情で学業を続けられない人がかなりいます。

公の奨学金制度はありますが、それは学業優秀な者が対象ですから、すべての学生に適用してはくれません。彼は、そうした困っている学生のための奨学金制度が欲しいと同窓会で訴え、実現させました。

あるいは、生活に困っている下宿生を助けるための基金制度により、３万円の援助ができるような体制ができたのも、同窓会に提案し続けた彼の尽力が実を結んだものです。

彼が勤め始めた昭和40年代当時は、学生食堂でほかの学生の食べ残しのうどんの汁をすすって飢えをしのぐ学生もいたそうです。この制度で助かった学生は少なくなかったにちがいありません。

こうした辛い生活をしながらも、窓口に来ることを躊躇する学生たちも多く、彼らが来やすくなる雰囲気を作る努力も彼はしていました。彼自身の口から、「私は強い人や優秀な人より、弱い人が好きなんです」という言葉を聞いたこともあります。

そんな彼ですから学生からはとても慕われて、卒業後を含め、教授たちよりも頼りにされていたように見えました。「教授たちの名は忘れても、新宅さんの名は忘れない」と卒業生に言われたこともあります。

一方、私との関係においても、4月からクラブ活動を始める学生のための「フレッシュマンキャンプ」や、キャプテンが交代する2月に行われる「リーダースキャンプ」などに、OBとして協力してきた私のことを見ていてくれていたようです。

これは、大学の後援で学生団体が主催するものですが、同窓会のメンバーが先輩として彼らに話をして、現役学生が社会に出て行くための参考にしてもらおうというコーナーがあり、彼はそのプロデューサー役を務めていました。

学生時代、EDPS（電子計算組織研究会）に属していた私は、しばしばキャンプの場に呼ばれて、最新のコンピュータ情報など専門分野の話をしていたのです。

私には、学生時代からこの専門分野ではだれにも負けないという自負がありましたので、多少はお役に立ったのではないかと思っています。私だけではなく、ベンチャー企業を立ち上げる人間は、概してそうした自負を持っているものです。彼も、そうした私のことを、世話になった大学OBの1人と思っていてくれたようです。

◆単身赴任で相生学院の開校準備に打ち込む

彼は、じつは、中卒で集団就職をしてきたという苦労人でした。大阪電通大が副業として経営していた電気部品を作る工場で働きながら定時制高校に通い、電通大に入学して卒業後大学に就職したのです。

さて、定年近くになって、好きなゴルフと旅行の日々を過ごそうと思っていたという彼を口説き落としたのは平成17年7月のことでした。

彼は大学に勤めていた体験から、これからは18歳人口が減っていくことを肌身に感じていたために、15歳人口の減少も予感していました。ですから、新たな学校を創ってはたして採算がとれるような運営ができるのかという不安があったようです。

のちに彼は、こうした不安を抱えながらも、私の依頼に応えた理由を次のように話してくれました。

・自分は教育者ではないけれど、学生と直接話ができる窓口的な仕事が好きで、クラブ活動をしている学生たち一人ひとりと、入部から引退まで付き合った3年間の日々がとても充実していたこと。

・全日制高校をドロップアウトした子たちは、そこで人生が決まってしまう、そういう子たちをもう1度スタートラインに立たせるという教育をやりたいという私に共感したこと。

たしかに、私は、これは、企業の使命であり責任でもあると考えていました。もちろん、本来、教育界全体が責任を取るべき問題でしょう。しかし、現状は、規則一辺倒で、すぐに退学させる教育がまかり通っています。

教育界に、卒業まで導く教育体制が整っていないのであれば、声高にそれを言い立てて実現させてもそれはかなり先のことであり、今いる子どもたちを救うことはできません。

そうであるならば、ある程度力のある企業が、その責任を果たすべきでしょう。それほど力があるわけでもない私でも、声を上げればこうして呼応してくれる人がいます。彼は、若い人と関わってきた自分の経験から、放ってはおけないと思ってくれたのです。

とはいえ、学校設置の申請は、手続きが煩雑で、経験のない私たちは大変な思いをしました。一手に引き受けてくれた新宅さんの苦労も並大抵のものではありませんでした。

彼に「富士コンピュータ」の社員として単身赴任してもらい、開校準備委員会を発足させて、申請書を提出したのは平成19年のことでした。資金計画書を作成し、場所や設備は廃校になっていた相生中学を借りることになっていることを明記して提出した申請書は、はじめ却下されました。

少子化が進んでいる今、生徒をどう集めるのかが問題視され、許可する予定はないとはねつけられてしまいました。しかし、最終的には谷口芳紀相生市長から、教育特区としてやりましょうというありがたいお話が来て、ようやく認可されたのです。

◆兄弟まで動員して荒れた校舎をきれいに

しかし、開校までの準備段階では大変な思いをしました。たとえば、旧相生中学は、閉鎖されてからまったく整備されていませんでした。ですから、グラウンドの法面《のりめん》やテニスコートだったらしい場所には草が生い茂っています。

私たちは、教師として迎えた5人の職員とともに、草刈から始めることになりました。今でこそ、緑化推進事業に協賛してもらって相生市に申請し、芝を植えてありますが、6月のスクーリングの時期は、草のよく生えるときでもあるので、草刈は年中行事のようになっていました。

また、楓の大木が数本生えていましたので、秋には膨大な量の落ち葉が、周囲の畑にまで落ちます。地主さんから苦情が来るほどでした。

彼は、建築会社をやっているお兄さんと農業をやっている弟さんまで動員して、この草刈と落ち葉の始末をしてくれました。

業者に来てもらうと30万円もかかる大仕事でしたから、宿泊費だけの手弁当で来てくれたお2人には感謝するばかりでした。

そうして5人の教師とともに開校した相生学院ですが、初年度の生徒数は、最終的に66人、その3分の2は転編入です。それは、何らかの問題を抱えている子どもの多さを物語っていました。

ですから、事務長の彼には、警察のお世話になった彼らを迎えに行ったり、相生警察の生活安全課にたびたび出向いたりと、大学時代とは違う苦労をさせることになりました。しかし、彼らを見捨てることはせず、全員を卒業させることができたのです。開校から3年後、彼らの卒業を見送った彼は、一応の恰好がついたところで、退職することになりました。私は、それまで女房役を務めてくれた彼に感謝し、送別会を開いたのですが、やがて2年も経たないうちに、新たなお願いをすることになりました。

退職後も、学校回りをして生徒募集をしてくれてご縁が続いていたことに甘えて、平成25年（2013）、兵庫県多可町に作る多可校への赴任をお願いしたのです。

これは、野球部新設のための学校で、寮も兼ねていました。ですから、生活全般の面倒も見なければならず、彼以外に頼める人はいないと見込んでのお願いでした。こちらも単身赴任でしたから、奥さんもさぞ呆れたことでしょう。

この多可校の立ち上げが済んで、彼から2回目の退職届を受け取ったのは、平成28年7月のことでした。しかしこれもまた、わずか6カ月後の平成29年1月、私は、再び復職をお願いすることになってしまいました。

広島県尾道にあった師友塾高校が廃校と決まり、その学校を救済することになりました。師友塾高校の大越俊夫先生は、不登校生を何千人も救った日本一素晴らしい教育者でしたが、内部のクーデターにより学校の運営が難しくなり、お困りでした。

そこで私が及ばずながら援助を申し出て、同校に残った生徒をお引き受けするための相生学院尾道校を作ることになったのです。

そして、やはり任せられるのは新宅さんしかいないと思い定めました。今回は、さすがに、奥さんの許可が必要と思い、先に奥さんに話を通して、今回は単身でなくご夫妻での赴任を了解してもらいました。

というわけで、彼には甘えっぱなしの10年間でした。彼の「温かい応援」がなければ、私はとっくの昔に挫折してしまっていたでしょう。

すでにお話ししたように、私は裏切られることも多々ある人生を送ってきました。しかし、その一方で、何の見返りも求めず献身的に「応援」してくれる新宅さんのようなありがたい「応援者」に恵まれました。

「献身的な応援」と言いましたが、むしろ新宅さんは、応援とは献身的になってはじめて十分な役割を発揮する、つまり「応援の本質は献身である」ということを気づかせてくれたような気がします。

開校準備からの〝縁の下の応援力持ち〟木野康裕教頭

◆学校設立を考えてからの最初の同志

現在、加古川校の教頭をやってもらっている木野康裕君は、東京学芸大学出身で、学校を作ろうとしたときから一緒にやってきた同志です。昭和49年生まれですから、まだ40代前半の若い教頭です。

彼に来てもらったのは、平成17年のこと。新宅さんよりまえに、まずは設立準備に走り回ってもらえる教員志望の人を、と思い来てもらいました。まだ学校の「がの字」もできていない段階でした。

まずは候補地を探し、交渉開始という段取りで、開校まで2年くらいは覚悟していたのですが、2年経っても話が具体化しません。3年でできなかったら辞めてもらうぞ、などと言ったことを思い出します。

そういうわけで、彼は、いわば私の尖兵のような形で最初からそばにいてくれた人間です。ですから、初期の苦労をいやというほど味わっています。

たとえば、最初に地元・加古川市に申請したとき、敷地も校舎も資金もない状態ではとても無理ではないかと言われました。それはあたかも、「苦労しても結果は出ないから、諦めたほうがいい」という親心のようなアドバイスでした。

これらの条件を1つずつクリアしようと、廃園になった幼稚園や保育園などを探したのですが、いずれも建物の耐震性に問題がありました。樽本庄一市長（当時）は高校の先輩だったのですが、とても無理だと言われ県に相談するように言われました（後に大変、相生学院高校に支援をしていただきました）。

しかし、県も全然取り合ってくれません。木野君と私と、それからもう1人の協力者である私の大学時代の恩師で当時80歳の南茂夫さん（情報技術学院校長、2018年3月まで森学園ICT専門学校校長。元大阪電気通信大学学長、大阪大学名誉教授）にもお願いして、3人で何度も兵庫県の教育課へ通ったものです。

最後の手段が、県内各市への直談判でした。木野君に兵庫県全域の市町村に片っ端から電話をかけてもらったのです。その結果、相談に乗ってくださったのは相生市だけでした。

第2章で述べたように、かつて造船で栄えた相生市も、当時過疎に悩んでいました。船が建造されなくなり、残っているのはドックだけで、修理しかできない状況になっていたのです。ちょうど、小泉内閣が教育特区を打ち出していたこともあって、それに乗って、相生市でやる方向へ話が進んでいきました。

市長も熱心に3回ぐらい加古川まで来られ、私も何度か相生市に行き、ほぼ話が決まって、議会にかける直前まで行きました。

ところが、そこに降ってわいたようにもっといい条件の話が持ち込まれました。加古川東高校の先輩の清水ひろ子さんが町長を務める播磨町の廃校を、無料で提供するというのです。

相生市の廃校は、荒れ放題の状態で、年間数百万円もの家賃がかかり、しかも駅から遠いのですが、こちらは、きれいな校舎で無料、交通の便もいいのです。どちらがいいかは一目瞭然でした。

私は、当然こちらにしたいと思いました。ところが、相生市長は、「もう、ルビコン川を渡っているからいまさら困る」と言います。

ルビコン川は、古代ローマ時代、ガリアとイタリアとの境をなした川のことで、軍隊はその内側にははいってはいけないとされていました。違反すれば反逆者とされるのですが、カエサルはそれを無視し、川を渡って、ローマへ進軍しました。

その故事から、もう後戻りはできないという覚悟をすることを「ルビコン川を渡る」と言うようになったのです。

私は悩みました。事業として考えれば、相生はやめたほうがいいに決まっています。しかし、相生は、いつも私を応援してくれている木野君が、やっとのことで見つけてくれたところです。市長は、ルビコン川を引き合いに出してきます。

私にしても、儲け主義で学校開設を計画したわけではありません。結局、有利な条件よりも、人間関係を優先させたのです。

◆草ぼうぼうだけではなかった相生市の廃校

しかし、正直にいえば、密かに後悔することもないではありませんでした。相生の廃校は、草が生い茂っているだけではなく、電気は来ていない、水道は水漏れをしているために、未使用なのに30万円の請求が来るという有様だったのです。

建物の老朽化も激しく、体育館の天井には今でも穴が60個もあいていますし、3階はほとんど使えない状態でした。私の部屋も、電気はつきますがコンセントは死んでいます。

こうした経緯をすべて知って、われわれの新設校に「相生学院」という名前をつけたのは木野君です。関係者には加古川の人が多いので、相生学院に違和感を持つ人も多く、私も「森学院」、あるいは、もっと大きく「日本」とか、地元名の「加古川」とかという名称を考えました。

しかし、木野君が、「アイガク」は一流大学の「カンガク」に通じるし、「ア」がついていればインデックスの一番になると言ったことと、彼の「相生」への思いの強さを考えて、結局「相生学院」に決めたのです。

そんな彼は国語教師としては優秀なのですが、心身ともに強靭ではないし、年齢も若いので、強烈な個性の持主であり先輩でもある他の教師を束ねるのに苦労していました。

しかし、そうした軋轢をかかえながら、他校にも出かけて事務方の仕事も引き受けてくれて、「縁の下の力持ち」として私を応援し続けてくれています。同じ「力持ち」でも「応援力」の力持ち、「縁の下の応援力持ち」です。ボクシング部の顧問としても、地道に成果を上げ、年配の教師たちの調整役もうまくなっているようです。

最近、宍粟《しそう》市の友人、黒田茂さんのすすめで、廃校になった小学校を借りることになりました。家賃もかからず、校舎も体育館もきれいです。ですから、相生市から本校をそちらに移したらという人もいますが、義理と人情を大切にする私としてはやはり、木野君の「相生」への思いを大事にしたいと思っています。

◆送別会で教頭を感極まって泣かせた長谷川好一初代統括校長

木野教頭や新宅事務長の尽力で、相生学院高校ができる見込みがつきましたが、ここに1つ困った問題が持ち上がりました。

それは、開校と同時に赴任していただくつもりだった学校長に関しての問題です。じつは本校の初代校長として、かねてから大阪の長尾谷高校校長の土屋和男先生に、同校を退職して本校においでいただくようお願いをしていましたが、土屋先生から前任校を退職するのにまだ時間がかかるという連絡が入ったのです。

これは想定外のことだったので、まったく困ってしまったのですが、そのとき願ってもない助け舟を出してくれたのが、加古川中央ロータリークラブの武田正明先輩でした。武田さんは、加古川東高校の先輩に素晴らしい人がいると紹介してくれたのです。

その方が、わが校の初代統括校長になってくれた長谷川好一先生でした。

長谷川先生は、加古川東高校のOBであるだけでなく、長い教員生活の中で加古川北高校の校長をされた経験もあり、私の願いを快く引き受けてくださいました。専門が数学だったので、校長職のほかに数学の授業もしてあげると言ってくださいました。

それだけでなく、先生には個人的にも私の三男の数学の家庭教師もしていただき、さらに富士コンピュータの株主にもなっていただきました。

まさに長谷川先生の存在は、親子と会社と相生学院高校にとって救世主でした。学校運営では、とくに前述した木野教頭を厳しく指導していただきました。2年間の校長職の後も顧問格の教員として本校に残っていただき、合計10年間にわたり相生学院を支えていただきました。

先日、退職の送別会では、木野教頭は感極まり泣いてしまいました。

在職中は、2度にわたり四国八十八所を回られました。脳梗塞を起こされ、足が少し不自由になられましたが、それでもなお教壇に立たれる姿は、まさに教員の鑑といえるものでした。

79歳で、まだまだやれるうちに身を引くと言われたときは、ショックを受けましたが、先生に「ずうっとずっと応援してあげる」と言われ、しぶしぶ承諾しました。

ダブルスクールの理念に燃える通信制のプロ、土屋和男二代目統括校長

次に、私の5人の貴重な応援者の4人目、土屋和男元校長にご登場願いましょう。

土屋先生は、私の通信制高校をつくりたいという話に感激してくださり、長年、通信制高校で確立されてこられたノウハウを引っ提げて、開校まだ2年目の相生学院に二代目統括校長として来てくださいました。

土屋先生は、もともと神戸商科大学（現・兵庫県立大学）でロシア会計学を専攻された計数に強い才能の持ち主でした。しかし、ロシアに関係する企業での仕事よりも教職への思いが強くなり、鳥取県立倉吉東高等学校を皮切りに教育畑を歩まれて、大阪府立商業高校の校長で定年退職されました。

その後、大阪市旭区にある学校法人東洋学園の理事長に見込まれ、同学園が運営する通信制の私立長尾谷高等学校の校長として16年間辣腕を振るわれました。

通信制のプロフェッショナル、パイオニアといっても過言ではない土屋先生に相生

学院に来ていただければ、私にとっては百人力という思いでお声掛けしたのです。

土屋先生は非常に合理主義者で、頭がものすごく柔軟な方です。私は土屋先生から、「相生学院は全日制でもないし、私学でもあるわけだから、もっと自由な発想で、もっといろいろな学習コースをつくるべきです」

と、励まされ、スタート時点から、あらゆることを教えていただきました。まさに、相生学院の恩人です。その土屋先生のお話を聞いてください。

◆世の中は通信制に意義を見出している

——私が長尾谷高等学校へ来たときは、世の中の通信制に対する評価は非常に低く、「通信制高校はできそこないが行く学校」というようなレッテルが貼られていました。

ところが、私が通信制の高校に教師として入ったころ、世の中では、インターネットの普及、グローバル化、多様化へと社会の常識や流行が、ものすごいスピードで変貌を遂げて行く過程にありました。

約25年前は、通信制の評価は本当に低いものでした。

しかし、世の人々の頭の中に、「通信制は落ちこぼれの行く学校」という固定観念を植えつけたまま、一方で、社会の動きは古いものにこだわるより、利用できるなら便利なインターネットを利用したほうがいいという流れに一気に変わってきていたのです。

通信制学校の設置者側のほうでさえ、「落ちこぼれを拾ってやる」というようなスタンスでいた学校もあったほどです。

しかし、画一化された生き方よりも、自分の気持ちを大事にする時代に生まれた若者たちは、学校の勉強だけでなく、スポーツや語学も学校でやっている程度ではもの足りず、学校の授業以上に力を入れてやりたいと思う気持ちが強くなっています。もし毎日行かなくてもいい学校でならば、自分の夢も実現させることができるのではないか。

そのように考えるようになった若者たちは「通信制」に輝く意義を見出したのです。

教育や学校というものは、ハード重視からソフト重視の時代になっているといえます。

昔は、広くて大きい校舎だの、講堂だの、立派なグラウンドだのがあって、これが揃っていて学校だという認識がありました。ところが、今の時代、そんなものは関係ないと思う人たちが増えているのです。

遠いところに立派な校舎があって、そこまで行かなければ勉強ができないよりも、駅前や駅中に学校があるほうが便利だし、インターネットを使えばもっと便利だし、時間が節約できる分、他に自分のやりたいことをやる時間がつくり出せる――。

学校というものは固定的な箱物だけで、これが学校だと思っていては駄目な時代になっているというわけです。今思えば、通信制の先発組の時代に私も関わっていたということです。――

◆創業者の「青少年の教育・育成にかける情熱」に感銘

――私がまだ他の学校に在籍しているころ、相生学院の創業者・森理事長から、途中からでも、辞めて早く来てほしいと依頼がありました。しかし、学校は3月に終わり、4月に始まるところ、なかなかすぐにというわけにはいきませんでした。

したがって、スタートといっても、最初は途中からになり、森社長が理事長で、私が副理事長ということで、相生学院の創立2年目から校長として全体の総括という立場になりました。

これまでの勤務先は学校法人でしたが、相生学院は株式会社立ということもあり、なおさら世間で変なうわさをされるようなことは絶対にしないという強い意志がありました。

文科省が決めた学習指導要領もきちんと守っていく――。そのような順法精神は私だけではなく、他の人も同じようにありました。

しかし、私は長年、通信制の学校にも携わってきたわけですが、同じ通信制でも相生学院にはとりわけ「活力」がありました。その活力の源は何かといえば、やはり理事長の「青少年の教育・育成にかける情熱」ではないかと思うのです。

補助金もなく経営が苦しいにもかかわらず、金銭的に困っている生徒がいれば、たとえ授業料を滞納していても、機械的に切り捨てるようなことは絶対にしません。生徒がなんとしても卒業できるように、いい方法を一緒に模索します。

この「やさしさ」は、なかなかできることではないと私は感心しています。

それなのに、日本は不思議でおかしな国です。補助金ゼロでやっていると聞けば、「よく頑張ってるなあ」と褒めるのが当たり前だと思うのですが、「あの学校は補助金をもらっていない駄目な学校だ」と物笑いにしたり、見下げるような風潮があります。

でも、森社長は大した人です。そのような巷談など撥ね除けて実績で示しているのです。そんなところが、私はなんとも新しいと応援したくなるのです。

私は定年60歳で公立高校を辞めて、通信制長尾谷高校に16年いました。相生には7年間お世話になり、今では86歳です。森社長には引き止められましたが、あまり歳をとって気を遣っていただくのも申し訳ないと思い、相生を退職し、現在、私立高野山高校が通信制をつくるので来てくださいとお声を掛けていただいていたので、高野山高校に在籍しています。

森社長とは最初から馬が合い、これからもお付き合いは続いていくと思います。私のすべての経験を生かして、これからも相生学院を応援していくつもりです。

「つまずきはバネ」の信念で熱血応援、三上裕元統括校長

私の5人の恩人のうちの5人目、三上裕《みかみゆたか》元統括校長は、私が加古川北高校でPTA会長をしていたとき、野球部を甲子園に送り出した力強い協力者です。

私が最初にお誘いしたときは、まだよその大学に行かれており、来ていただくことはかないませんでした。それでも私は諦めずに、3年ほどかけて口説き、やっと校長

を引き受けていただいたという経緯があります。

何よりも感謝しているのは、三上先生が率先して県下の中学校や高等学校をくまなく回ってくださることです。他の教職員に言ってても誰もやってはくれないのですが、三上先生は非常に行動力があり頭が下がります。

また、本をつくるのが大好きで、卒業文集をつくるのに毎時間生徒にも書かせ、それを本にして出版したり、地域の同人雑誌に投稿もされています。

しかし、最近、心臓弁膜症の手術をされました。ところが、ものすごく元気になられて、以前と変わらず、マイクも要らない大きな声が出ます。

そんな相生学院にとって、なくてはならない三上先生のお話を紹介します。

◈PTA会長と元校長の立場で寄付集めをした仲

——私が森理事長と会ったのは、私が加古川北高校の校長をしていたときに、森理事長が同じ加古川北高校のPTA会長になったのが初めてでした。

私はその直後、退任して神戸常盤大学で教えることになりましたが、森理事長はPTA会長を続け、その時代に加古川北高校の野球部が春のセンバツに出場することになったのです。

そこで、森さんがPTA会長として呼びかけ、元校長を集めて後援会をつくるという話になりました。森さんは、『校長・PTA会長・同窓会の三位一体』で、この地域、高砂・明石の商工会議所・企業に寄付のお願いに参りまーす！」と挨拶しました。

それを聞いて私は、「ちょっと待ってください。PTA会長・同窓会会長はいいですが、現役の校長が寄付のお願いの先頭に立つと誤解を招くこともあるから、それはよくありません」と、ひと言釘を刺したのです。

すると、「あ、それなら元校長の三上先生、今は大学の先生だから、先生、一緒に回ってくれませんか？」と言われまして、それから2週間、私は大学を休み、PTA会長さんと、いろんな企業や商工会議所を回りました。

その結果、森さんは全体として、なんと6000万円の寄付金を集めたのです。

その森さんのタフな実践力、その姿に私は感銘しました。

その後、私が大学を7年で定年というときに、どこからその情報を得たのか、森さんから、「三上先生、大学辞めるんだったら、うちへ来てもらわな困るわ」と相生学院に誘われたのです。

教員生活の中で、つまずいてしまった生徒の後押しをするということはとてもいいことだなと思い、承諾し、相生学院の副校長として入りました。校長は土屋さんがされていました。

1年後に統括校長をやることになり、2年間務めました。――

◆つまずいた生徒の後押し教育に共感

――その間、森理事長を見ていて、すごいと思ったのは、テニスなど全国大会へ行くと応援席から、「ガンバレー!!」と、とてつもなく大きな声で応援することです。

子どもたちも、その応援の声で、「あ、理事長の応援だ！　ようし、やるぞ！」という気になり、結果として、全国ニュースに取り上げられるほど、好成績を出すようになるのです。

そのやる気に火をつけて後押しする――。この応援は、もちろんテニスだけではありません。野球であっても、ボクシングでも、ゴルフでも同じように応援するのです。

通信制はつまずいた生徒が少なくありません。たとえば、高校在学中に暴力行為で退学になった生徒もいます。そんな生徒も受け入れているのです。

森理事長は、「つまずきはバネだぞ！　みんな好きなことに挑戦しよう！」と生徒を励まします。「つまずきはバネ」というのは私が言った言葉ですが、森理事長はつまずいた生徒に寄り添い、自信をつけさせたいのです。これが森理事長の生き方であり、「文武一道、夢実現」の精神につながります。

生徒を育てようとする森理事長の考えは本当に立派ですが、森理事長がすごいのは、教育だけにとどまりません。加古川の商工会議所のつながり、異業種交流会など、あらゆるところにつながりがあります。

また、富士コンピュータの社長をされて35年経ち、相生学院は10年で職員は60

人ほどになります。その責任をすべて一手に引き受けています。それは、自分がもうけたいというのではなく、純粋に地域に貢献しようということで、一生懸命に汗をかいているのです。

だからこそ、森理事長は地域の信頼を一身に集めています。人気の理由には人柄もあります。おまけに、歌をつくるのもうまく、校歌も応援歌も森理事長の作詞です。

私も教員生活47年になりますが、今は森理事長が掲げる「文武一道、夢実現」に共感して一緒に相生学院で頑張っています。——

相生学院高等学校　校歌

作詞　森和明／作曲　田代恭也

一、相生湾の　風うけて
雄々しく進む　我が友よ
力の限り　漕ぐ舟ぞ
その名も高し　学舎は
相生学院高等学校

二、万葉岬　花吹雪
勇みて進む　我が友よ
荒海照らす　灯台ぞ
その名も清し　学舎は
相生学院高等学校

三、瀬戸内海の　波静か
相和して進む　我が友よ
声を明かりに　行く森ぞ
その名も楽し　学舎は
相生学院高等学校

◆生徒の胸に3つの苗木を植える

――私は昔から声が大きく、マイクも使ったことがありません。生徒たちが、「三上先生の授業は3回聞く」とよく言っていました。

どういう意味かというと、私は国語の教師ですが、1回目は本当の私の授業、2回目は隣の教室で私が大声でやっている授業、3回目は反対側の隣の教室でやっている私の授業というわけです。隣でやっているときは、自分たちがやっている授業よりもよく聞こえると言われていました。

でも、私はただ声が大きいのではありません。私は私の声が生徒の胸の奥まで、心まで届くようにという気持ちでしゃべっているから大きくなるのです。

特に入学式のときによく言っていますが、生徒の心の奥まで届けたいことで、「お前らの胸に3つの苗木を植える。それは『やる気・根気・元気』だ。その3つで大きな花を咲かせなさい」

このように言っています。他にも、しっかり人間形成してもらいたいときは、「時を守り、場を清め、礼を正す」

これが基本だと言い聞かせます。

また、相生学院高校多可校の野球部にはいろいろなタイプの生徒がいるのですが、次のように生徒に呼びかけ、諭したことがあります。

「お前らな、野球するのは何のためだ？　野球が好きだから、それも大事なことだけど、野球を通して、お前たち自身が大きな人間になることなんだぞ。そのために必要な基本的なこととは何か――。それは、時間をしっかり守って、自分の周りをきれいにして場を清めて、礼を正す――。つまり、挨拶をきちんとするということだ。それができなくて野球をやっても意味がない。それをしっかりやっていくぞー！」

と言って指導しました。

子どもたちは、否定されると絶対に横を向いてしまいます。「お前を何があっても受け止めてやるから、何でもわしに言え！」と言うと、子どももそっぽを向くことはなくなります。

今、子どもは非常に多様化してきています。ですから、どこの学校にも不登校の子はいます。２０１７年４月に相生学院の通信制に入った中学卒業生は、この加古川地区だけで40人になりました。

どこの中学校からも、２、３人の子が通信制高校に入る時代です。スポーツコース、情報処理コースなどで、午前中は授業を受けて、午後は自分の好きなことをする――。それが結局、夢の実現、高卒後の進学、就職や専門学校、大学へ進む自信へとつながっていくのだと思います。

私は去年、心臓弁膜症、大動脈弁狭窄症が発症し、心臓の手術をして、１級の障害者手帳をもらっています。でも、これからも生徒の進路に責任を持って、精力的に指導していきたいと思っています。

私が学校回りをしているのは、ただ宣伝しているのではありません。中学に行って、受け入れた生徒がちゃんと進学できたとか、就職できたと報告すると、「ああ、相生学院にお世話になったら、ちゃんと最後まで面倒みてくれるんだな」と思っていただけるからです。

しかし、残念なことに、まだ当学院の教職員の共通理解になっていません。理事長にも私は言っています。生徒の出身校や中学に、きちっと報告できるように進路実現させてこそ初めて信頼を得ることになります。お金を稼ぐために生徒を集めているのではないのです。

私は、相生学院に来ている子どもたちが元気になってくれたら、一番教師冥利に尽きます。私は生徒の背中を押して、生徒から私は元気をもらっているのです。

「生徒らの背中を押して我はいま　古希を超えつつ笑顔いただく」

この一首が私の今の心境です。——

あとがきにかえて――「人間力」応援講座の試み

「教育」の本質は「応援」であると見定め、そのさまざまな観点からの「応援力」によって、通信制の高校・相生学院を、全日制高校をしのぐ高校にしたいと頑張ってきました。まだまだ道半ばですが、本書ではその経験をお話ししてきました。

そのさまざまな「応援」の経緯の中で、私はまた新たにある1つの大きな「応援」の機会に恵まれました。そしてその「応援」が、さらに新しい多様な「応援」の輪を広げつつあることを、本書の最後に紹介させていただきたいと思います。

この「応援」は、私が相生学院を開くまえから注目し、尊敬していた大越俊夫前師友塾塾長との出会いから始まりました。

この塾は50年の歴史を持ち、高い理想のもとに7000人にも及ぶ不登校生を元気にして世に送り出してきました。とくに、独特の哲学を持った塾長の、大学の講義に

広島県尾道市向島にあるゲストハウス。その道のプロたちによる「人間力」応援講座に使われる

も劣らないレベルの高い人間性教育は、何冊もの本になって世に問われ、高い評価を受けていました。

ところが、50年の間にたまったいろいろな事情と、塾長の健康上の問題もあり、数年まえから存続が難しくなっていたのです。

塾長は、自分のことはともかく、せっかくここまで子どもたちが頼ってくれた教育の場の灯を絶やすのは、はなはだ耐え難いことだとおっしゃいます。

私は、今までひそかにお手本とも思ってきた、同じ志の先輩が苦境に立つのを見て、黙っていられなくなりました。なんとか「応援」したいと思い、この塾が広島県尾道市で開いていた教育の場を再建することにしました。

具体的にはこの塾の生徒さんたちを受け入れる相生学院尾道校をつくって塾長の想いを継ぎつつ指導を継続すると同時に、塾が寮として使っていた風光明媚な場所にある建物を、「人間力」応援講座の場として活用することにしたのです。

塾長が教えていた高邁な哲学とまではいきませんが、私の周辺にいるいろいろな職業のプロたち、職人芸を持つ各界の第一人者たちに、自分の極めてきた道のことを話してもらいたいと思いました。

こうした人たちに私のこの構想を話すと、ほとんどの人が大賛成してくれて、ボランティアで講座を受け持つと言ってくれました。

講師陣には、自薦他薦で十数名の素晴らしい経歴を持つ方々が参加してくれます。

引きこもりがちの子どもたちは、皆同じように社会に出て生きていく力、と言ってもよく言われる生活力というより、人として人のために役に立ちながら生きていく「人間力」とでもいうべきものが不足しています。

言ってみれば「何もできない」子どもたちに、まずは基本的に人として大事なことをわきまえたうえで、世の中のために役立つ何かをできるようにしてあげたい、そのことを面白がって、やりがいを感じながらできるようにしてあげたい、そういう私の想いに共感してくれた人がどんどん集まってくれたのです。

尾道校のホームページでは、次のように呼びかけています。

——中学校が、たまたま合わなかったとしても、高校で、たまたま何かあったとしても、あなたが、悪いわけじゃない。

そして現在、昼夜逆転生活だったり、人の輪に入るのが少し、イヤな気がしたり、同級生と顔を合わせるのが、ちょっとイヤだったりする　あなたへ。

尾道に来てみませんか。

「ちょっと試しに」という思いでも、いいでしょう。

一度、のぞきに来てください。

◆時を守り、場を清め、礼を正す。
「人間力養成コース」

【目標】
＊社会に貢献できる力
＊人にやさしくできる力
＊知識と教養を得る力

【実践】
＊親孝行の心をやしなう
＊基本的な生活習慣をつける
＊ＩＴ力をつける
＊高校を卒業する
＊部活（スポーツ・文化クラブ）をする

――テニス、軟式野球部、サッカー、調理部、書道部、美術・デザイン部ほか

＊農業・漁業体験

――みかん作り、米作り、魚つり

＊友人をつくる

＊体力・精神力を強化する

＊野外活動をする

＊テニス、野球の試合の応援に行く

＊すばらしい先生の講演会に参加する

＊美術館・博物館・映画館に鑑賞に行く

私は、この構想こそ私の目指す「応援」の連鎖によってできる「応援力」の1つの到達点であり、夢の実現であると信じ、今その進展を自分でも腕まくりをしてわくわくしながら待っているところです。

装幀　田中和枝（フィールドワーク）
帯写真　ＰＩＸＴＡ
本文デザイン・ＤＴＰ　美創
編集協力　アイ・ティィ・コム

〈著者プロフィール〉
森 和明（もり・かずあき）
1951年1月1日、兵庫県加古川市生まれ。加古川東高校を経て大阪電気通信大学工学部電子機械工学科を卒業後、大阪市立大学工学部機械工学科大学院にてエンジンのコンピュータ制御の先駆的研究に励む。1974年、富士通に入社。1979年に独立して富士コンピュータ販売（2013年、富士コンピュータに改称）を設立、ソフト開発のヒット商品などで社業を伸ばす。1999年、情報技術学院を設立し、2008年3月、広域通信制単位制の相生学院高等学校を設立。全国30校に学習センターを広げ、自分に合った学びの場を探す生徒の応援に尽力。着実に進学実績を上げながら、部活でもテニス、ボクシングなどで全日制高校をおさえて全国制覇を続けている。2018年、相生学院高等学校校長を長男・孔明に譲る。富士コンピュータ代表取締役、相生学院高等学校理事長。現在、AIを用いた介護ロボットの開発に注力している。趣味は園芸、釣り、カラオケで、卒業式では舟木一夫の「高校三年生」を歌って卒業生を送る。

通信制高校だから全日制に勝てる
あなたの子どもに最適なカリキュラムつくります

2018年7月10日　第1刷発行

著　者　森 和明
発行人　見城 徹
編集人　福島広司

GENTOSHA

発行所　株式会社 幻冬舎
〒151-0051　東京都渋谷区千駄ヶ谷4-9-7
電話　03(5411)6211(編集)
03(5411)6222(営業)
振替　00120-8-767643
印刷・製本所　図書印刷株式会社

検印廃止

ISBN978-4-344-03323-8　C0095
幻冬舎ホームページアドレス　http://www.gentosha.co.jp/

この本に関するご意見・ご感想をメールでお寄せいただく場合は、
comment@gentosha.co.jpまで。